Johann Andreas Wagner

Denkrede auf Gotthilf Heinrich von Schubert

Johann Andreas Wagner

Denkrede auf Gotthilf Heinrich von Schubert

ISBN/EAN: 9783743333253

Hergestellt in Europa, USA, Kanada, Australien, Japan

Cover: Foto ©ninafisch / pixelio.de

Manufactured and distributed by brebook publishing software (www.brebook.com)

Johann Andreas Wagner

Denkrede auf Gotthilf Heinrich von Schubert

Denkrede

auf

Gotthilf Heinrich v. Schubert.

Gehalten

in der öffentlichen Sitzung der K. Bayer. Akademie der Wissenschaften

am 26. März 1861

von

Dr. Andreas Wagner,

k. Universitäts-Professor und ordentl. Mitglied der k. Akademie.

München, 1861.

Verlag der Königl. Akademie.

Druck von J. G. Weiß, Universitätsbuchdrucker.

Mit Gotthilf Heinrich von Schubert ist aus der ohnedieß schon sehr gelichteten Reihe der ehrwürdigen Veteranen unserer Akademie abermals eines ihr hervorragendsten Mitglieder zu Grabe getragen worden. Wenn wir Alle das Abscheiden dieses durch den Umfang und die Tiefe seines Wissens, wie durch die Liebenswürdigkeit und Biederkeit seines Charakters gleich ausgezeichneten Mannes schmerzlich empfinden, so fällt mir dieser Verlust doppelt schwer, da ich schon vor fünfzig Jahren zu seinen Schülern gehörte und die weitaus größere Hälfte dieses langen Zeitraumes mit ihm im engsten persönlichen Verkehre verlebt habe. Möchte es mir gelingen, der Aufgabe, welche nach löblicher alter Sitte der Akademie: das Andenken geschiedener Mitglieder durch öffentliche Rede zu ehren, mir zugefallen ist, in würdiger Weise zu entsprechen und, wenn auch nur in den allgemeinsten Umrissen, ein gelungenes Bild von dem Leben und Wirken des aus unserem Kreise Geschiedenen zu entwerfen.

Ich habe hier ein Stillleben zu schildern, wie es gewöhnlich ein Gelehrter zu führen pflegt, der von der aktiven Betheiligung an den großen politischen Staatsereignissen ausgeschlossen, mit seiner Thätigkeit durch Wort und Schrift zunächst auf die Förderung der geistigen Interessen angewiesen ist, in diesem Stillleben aber gleichwohl zu einer Wirksamkeit von großartigster Bedeutsamkeit und Tragweite gelangen kann. Eine solche Wirksamkeit ist Schubert zu Theil geworden.

Schubert wurde am 26. April 1780 zu Hohenstein, einem Schönburg'schen Städtchen im sächsischen Erzgebirge geboren, wo sein Vater Pfarrer war. Unter acht Kindern, von denen drei schon frühzeitig starben, war er das jüngste und unter den überlebenden der einzige Sohn. In dem Pfarrhause zu Hohenstein waltete ein ernster christlicher Sinn und eine musterhafte Ordnung und Zucht. Der begabte muntere Knabe entwickelte sich rasch unter der trefflichen Leitung der Eltern und Geschwister und war die Freude der ganzen Familie. Nachdem er sich die Elementarkenntnisse in der Schule seines Ortes und in weiterer Steigerung bei seinem Schwager Hüttenrauch in dem benachbarten Städtchen Lichtenstein erworben hatte, trat er auf das Gymnasium in Greiz und von diesem mit Beginn des Jahres 1796 auf das in Weimar über. Der Eintritt in letztgenannte Anstalt war für die geistige Entwickelung des Jünglings von den glücklichsten Folgen. Er geschah zu einer Zeit, wo durch die hochsinnige Herzogin Amalie ein Verein großer geistiger Kräfte im Gebiete der Wissenschaft und der Kunst nach Weimar und Jena berufen worden war. Durch solche hohe Vorbilder wurden aber auch die Schüler des Gymnasiums mächtig angeregt, alle Kräfte aufzubieten, um dereinst Würdiges leisten zu können.

Zu den günstigen Anregungen, die der hochstrebende Sinn des Jünglings hier empfieng, trat aber noch die gewaltigste und nachhaltigste hinzu, nämlich die Bekanntschaft mit Herder. Dieser gewann bald den begabten und strebsamen Jüngling so lieb, daß er ihn ganz in den Kreis seiner Familie hineinzog, in Gemeinschaft mit seinem Sohne Emil ihm manche freie Stunde zuwendete und fortwährend an dem Gange seiner geistigen Entwickelung den lebhaftesten Antheil nahm. Der Verkehr mit Herder wurde insbesondere dadurch so segensreich für die fernere Lebensrichtung des Jünglings, daß der fromme christliche Sinn, den er aus dem elterlichen Hause auf's Gymnasium mitgebracht, der aber seitdem wenig weitere Anregung erhalten hatte, in ihm wieder lebendig erweckt und dauerhaft befestigt wurde. Schubert hat aber auch sein ganzes Leben hindurch dem hochverehrten Manne die dankbarste Anerkennung gezollt.

Gegen Oſtern 1789 abſolvirte Schubert das Gymnaſium in Weimar und bezog die Univerſität Leipzig, um hier dem elterlichen Willen gemäß Theologie zu ſtudiren. Allein bald gab ſich ihm ein unheilbarer Zwieſpalt zwiſchen der elterlichen Beſtimmung und ſeiner eignen Neigung zu erkennen. Die Vorleſungen, die er über Theologie zu hören hatte, gewannen ihm durchaus kein Intereſſe ab, während er den naturwiſſenſchaftlichen Vorträgen mit der begeiſtertſten Theilnahme ſich hingab. Schon von ſeinen Kinderjahren an hatte er auf den Bergen und in den Thälern Steine, Blumen und Thiere geſammelt, auf dem Gymnaſium in Greiz und Weimar ſetzte er dieſe Beſchäftigungen fort und zur Erholung von den Schulſtudien war ihm, wenn er nicht ins Freie konnte, das Leſen naturwiſſenſchaftlicher Bücher und Reiſebeſchreibungen der werthvollſte Genuß. Herder hatte es bereits dem Jüngling vorausgeſagt, daß ihm die eigentliche Aufgabe ſeines Lebens im Gebiete der Naturwiſſenſchaft werde geſtellt ſeyn, und von der Richtigkeit dieſer Vorausſage überzeugte ſich Schubert jetzt aus eigener Erfahrung. Nach Ablauf des zweiten Semeſters eröffnete er ſeinem Vater den Wunſch das Studium der Theologie mit dem der Medizin zu vertauſchen, und ſo ſchmerzlich auch jenem dieſer Wechſel fiel, ſo gab er doch hiezu endlich ſeine Zuſtimmung.

Fröhlichen Herzens kehrte nun Schubert wieder nach Leipzig zurück und bezog dann nach Ablauf des dritten Semeſters die Univerſität Jena. Von jetzt an betrieb er mit größter Energie das Studium der Naturwiſſenſchaften und der theoretiſchen wie der praktiſchen Medizin. In Jena fand er aber überdies einen Mann vor, von dem damals eine der gewaltigſten geiſtigen Bewegungen in Deutſchland ausgieng: Schelling.

Wer zu jener Zeit, wie Schubert in ſeiner Selbſtbiographie erzählt, in Jena in einer ſpätern Stunde des Nachmittags über den Marktplatz gieng, der konnte da einem Zuſammenlaufe der Studirenden begegnen, ſo zahlreich als zu keiner andern Stunde des Tages. Nicht das Feſtgelage irgend einer Landsmannſchaft, nicht die Verſammlung der Angehörigen einer einzelnen Fakultät konnte der Grund ſolchen Zuſammendranges ſeyn, denn man sah da Jünglinge aus den verschiedensten Landschaften beisammen, mit den Theologen zugleich Juristen und Mediziner, unter ihnen auch gereiftere Männer, welche den Lauf der akademischen Studien längst zurückgelegt hatten oder von anderem Stande waren als dem der Gelehrten. Nur die Fremdlinge konnten fragen: was gibt es hier? Jeder, der nur seit wenigen Tagen an der Universität gelebt hatte, der wußte es: jetzt ist die Stunde, in welcher Schelling seine Naturphilosophie liest.

Der Eindruck, den diese Vorlesungen auf ein so empfängliches Gemüth wie das Schubert's machten, war von der überwältigendsten Art. Wie Herder ihm für seine religiösen Anschauungen einen festen Halt gegeben hatte, so wurde ihm durch Schelling die wissenschaftliche Richtung bestimmt.

Gegen Ostern 1803 absolvirte Schubert seine Studien in Jena und erwarb sich den medizinischen Doctorgrad. Nun trat die ernste Frage an ihn, was weiter thun? Hätte er seiner Neigung folgen dürfen, so wäre er gerne in Jena als Privatdozent aufgetreten. Allein hiezu fehlten ihm alle Geldmittel, um die traurigen Probejahre eines armen Privatdozenten ausdauern zu können, und somit mußte er sich entschließen in die ärztliche Praxis einzutreten; ein Entschluß, zu dem er sich um so mehr gedrängt fühlte als er ihm Aussicht verhieß bei glücklichem Erfolge bald in den Stand gesetzt zu seyn, um die Hand eines eben so anmuthigen als geistreichen Mädchens, Henriette Martin aus Bärenwalde, der jüngeren Freundin einer seiner Schwestern, anhalten zu können.

Schon im April des nämlichen Jahres trat Schubert als praktischer Arzt in Altenburg auf und konnte bald eines unerwarteten Erfolges sich erfreuen. Einige bedeutende Kuren, die ihm gelangen, verschafften ihm Ruf und Zulauf. Wer war glücklicher als der junge Arzt, der, eben so reich an glänzenden Hoffnungen als arm an Lebenserfahrungen, nun wähnte bereits ein gesichertes Einkommen errungen zu haben. Er war seines Erfolges so gewiß, daß er schon wenige Monate nach seinem Eintreten in die Praxis seine Braut als Gattin heimführte. Allein was vielen andern jungen Aerzten begegnete, erfuhr gleichfalls Schubert. Er konnte eben auch nicht allen Kranken helfen, am wenigsten den vielen Patienten mit unheilbaren Uebeln, die schon vergebens bei allen Aerzten des Landes Hülfe gesucht hatten. Da nahm der Zulauf an Patienten eben so schnell wieder ab als er sich im Anfange gesteigert hatte; nur unter den Armen behielt er noch eine zahlreiche Praxis, aber diese brachte kein Geld ein, veranlaßte ihn im Gegentheile zu vielen Auslagen, indem er ihnen in seiner Gutmüthigkeit die Arzneimittel unentgeldlich zukommen ließ.

So schwand die geringe Summe, mit der die jungen Eheleute ihren Hausstand eröffnet hatten, immer mehr dahin, während bereits der Sommer zu Ende gieng und für den kommenden Winter größere Ausgaben in Aussicht standen, zu denen keine Mittel vorlagen. Da rieth einer der Freunde, der Schubert's umfassende Kenntnisse und seine Fertigkeit im schriftlichen Ausdrucke wohl kannte, er solle ein Buch schreiben und das Manuskript an der Leipziger Michaelismesse, die ganz nahe bevorstand, an einen Buchhändler verkaufen. Aber was sollte er nun schreiben? Zur Abfassung eines wissenschaftlichen Werkes, womit er sich schon lange herumtrug, reichte die Zeit nicht aus; so kam er denn zu dem Entschlusse einen Roman zu schreiben. In der That hatte er bis zum erwähnten Termine diesen ausgearbeitet und er erschien schon im folgenden Jahre in Druck unter dem Titel: „Die Kirche und die Götter." Was bei diesem Romane schon von vornherein die Verwunderung erregen muß, ist der Umstand, daß derselbe, obwohl er zwei Oktavbändchen von 531 Seiten ausmachte, von seinem Verfasser in der kurzen Frist von drei Wochen druckfertig vollendet worden war. Schubert sagt selbst bei dieser Gelegenheit, daß ihm das Schreiben fast eben so schnell von Statten gegangen seyn müsse als das Sprechen. Es möchte wohl ein flinker Abschreiber zu thun haben, um in gleichem Zeitraume den Roman nur abzuschreiben. Was den Inhalt anbelangt, so ist derselbe ein durchaus würdiger, edler und höchst poetischer, aber der Fantasie ist der freieste Spielraum gelassen worden; sie braust dahin wie ein junges feuriges Roß, das seinen Reiter abgesetzt hat und nun in wunderlichen Sprüngen sich umher tummelt. Schubert hat es nicht zugegeben, daß sein Name auf dem Titel genannt werde, wohl aber spricht er in einem gut gelungenen Sonnet, das die Stelle der Vorrede vertritt und in welchem er unter dem Bilde des Sohnes Manoah (Simson's) sich selbst meint, seinen bittern Unmuth darüber aus, daß er solche Dinge nothgedrungen um's Brod schreiben müsse; er hoffe später zu zeigen, daß er wohl etwas Besseres zu leisten vermöge. Er wollte nachher auch nichts mehr von diesem ersten Erzeugnisse seiner schriftstellerischen Thätigkeit wissen. Beruhigend äußert er sich in seiner Selbstbiographie dahin, daß dieses Buch längst in den Krämerläden verschwunden und auf den Herden verbrannt sei; er habe dafür nicht mehr Rede und Antwort zu stehen.¹)

Indeß bald fieng die Lage Schubert's sich zu bessern an. Dr. Pierer, der Herausgeber der „medizinischen Annalen," die zu den angesehensten Zeitschriften damals gehörten, ließ ihm anbieten als Mitarbeiter

---

1) Ich selbst habe diesen Roman niemals in Schubert's Bibliothek stehen sehen; erst vor wenigen Wochen hat einer meiner auswärtigen Freunde mir ihn zur Durchsicht verschafft. Dadurch habe ich mich überzeugt, daß das humoristische Urtheil, welches einer der ältern Freunde Schubert's (Selbstbiographie I S. 75) über den Roman fällte, ungemein treffend ist. „Das Lesen deines Buches", schreibt erwähnter Freund, „hat auf mich einen ähnlichen Eindruck gemacht als der Anblick einer gewaltig grausamen Wasserfluth. Wohin man schaut bemerkt man so schöne Gruppen und Waldungen von Cedern, Cypressen, Obstbäumen mit Blüthen und Früchten, welche auf dem Gewässer herum treiben, daß es Jammerschade um ihren Verderb ist. Jünglinge und schöne Jungfrauen, Greise und Kinder strecken ihre Hände und Köpfe aus den Wogen hervor; grünende Auen mit Sommerpalästen und Hütten ragen, zum Theil zerrissen, über die Strömung heraus; nutzbares Vieh in ganzen Herden mit mancherlei Gewürm kämpft mit den Wellen, über denen die kleinen Gedichte, die Du deinem überstuthenden Texte eingefügt hast, wie muntere Vögel herumfliegen. Wie gesagt, es ist Jammerschade um all' diese Sachen, die eine gar hübsche, für Menschen wie für Vieh wohnliche Landschaft müssen gewesen seyn, wenn die große Ueberschwemmung nicht über sie hereingebrochen wäre."

an denselben einzutreten   Als Aufgabe würde ihm zufallen, den Inhalt der bedeutendsten literarischen Erscheinungen im Gebiete der Medizin, Physiologie und der ihnen verwandten Wissenschaften anzuzeigen und als Zugabe der einzelnen Monatshefte auch eigne Aufsätze zu fertigen. Freudig nahm Schubert dieses Anerbieten an, nicht blos, weil er dadurch ein gesichertes, wenn auch mäßiges, Einkommen sich verschaffte, sondern weil er hiemit zugleich seinen heißen Drang nach wissenschaftlicher Fortbildung befriedigen konnte, denn von nun an stand ihm die ganze Literatur aus diesen Gebieten zu Gebote. So wurde er ein rüstiger und tüchtiger Mitarbeiter an den durch ihn bestens geförderten medizinischen Annalen.[1])

Den jungen Eheleuten ging der erste Winter, den sie in Altenburg zubrachten, ganz behaglich vorüber. Bei großer Genügsamkeit reichte ihr Einkommen gerade für ihre Bedürfnisse aus, dabei standen sie allenthalben in Achtung und in freundlichen Beziehungen mit vielen angesehenen Familien; auch die Praxis fieng wieder an sich zu mehren. So war denn jetzt

---

[1]) Aber auch in der spanischen Sprache sollte sich der junge Arzt noch in Altenburg bewähren. Als nämlich Johann Georg Müller eine Gesammtausgabe der Werke Herder's, der mittlerweile gestorben war, veranstalten wollte, lag ihm daran zu wissen, ob des letztern Cid eine treue Uebersetzung des spanischen Cancionero vom Cid sei oder nicht und wie sich diese Liedersammlung zu dem noch ältern Poëma del Cid verhalte. Zur Entscheidung dieser Frage wurde Schubert aufgefordert, von dem man wußte, daß er sich schon in Leipzig mit dem Spanischen befaßt hatte, und so wurde ihm das nöthige Material zugesendet. Schnell arbeitete er sich in das Altspanische hinein, so daß er den gewünschten Aufschluß ertheilen konnte. Dadurch entstand in ihm der Gedanke — er selbst nennt ihn später einen tollkühnen — eine spanische, portugiesische und provenzalische Bibliothek, welche die ältesten in diesen Sprachen erschienenen Gedichte enthalten sollte, herauszugeben. Wirklich erschienen davon zwei Bändchen, die aber keine weitere Fortsetzung hatten, theils weil für eine solche Unternehmung doch nur wenig Theilnehmer zu finden waren, theils wegen der furchtbaren Kriegsverheerungen, die damals über Deutschland durch den ersten Bonaparte hereinbrachen.

für sie wirklich Aussicht vorhanden in Altenburg eine gesicherte Existenz zu begründen, als im Frühjahr auf einmal das Gerücht sich verbreitete, Schubert wolle seinen ganzen bisherigen Wirkungskreis aufgeben, um nochmal Student zu werden. Das Gerücht war allerdings kein leeres, sondern ruhte auf einem festen Entschluße Schubert's. Immer mehr gelangte er nämlich zur Ueberzeugung, daß er sich eben doch zur Medizin nicht um ihrer selbst willen, sondern nur wegen der mit ihr verknüpften Naturwissenschaften gewendet habe. Von solcher Anschauung geleitet, mußte ihm daher der Beruf eines praktischen Arztes als ein für ihn verfehlter erscheinen, dagegen seine eigentliche Lebensaufgabe in der Erwerbung eines Lehramtes im Gebiete der Naturwissenschaften liegen. Um aber ein solches Ziel zu erreichen, blieb dem jungen, in weiteren Kreisen ganz unbekannten Manne nichts anders übrig als durch Ausarbeitung eines tüchtigen wissenschaftlichen Werkes Ruf und Amt sich zu verschaffen. Zu einer solchen Arbeit bedurfte er aber einer innern Sammlung und Ruhe, die er bei seinen vielen geschäftlichen und geselligen Verhältnissen in Altenburg nicht finden konnte. Für ihn kam aber noch ein anderer Umstand in Betracht.

Schon als Student hatte er es schmerzlich beklagt, daß es ihm nicht vergönnt war, die Vorlesungen über Geognosie und Mineralogie von Werner in Freiberg, dessen Ruf damals die ganze wissenschaftliche Welt erfüllte und welchem Zuhörer aus allen Kulturländern zuströmten, hören zu können. Jetzt, wo er die Heilkunde ganz aufgeben und ausschließlich den Naturwissenschaften sich widmen wollte, hielt er es für unumgänglich nothwendig das Versäumniß nachzuholen und eben deshalb nach Freiberg überzusiedeln, wo er nicht blos das von ihm beabsichtigte wissenschaftliche Werk ausarbeiten, sondern zugleich auch Werner's Vorlesungen hören könnte. Bald nach Pfingsten des Jahres 1805 zog Schubert mit seiner Frau in Freiberg ein. Es ist ein rühmliches Zeugniß von dem gewaltigen Wissenstrieb, der Schubert beseelte, daß er, dessen ganze Baarschaft in ohngefähr 10 Thalern bestand, dennoch es wagte, obgleich bereits verheirathet, nochmals in die Reihe der Studenten einzutreten. Es wird nicht viele geben, die unter ähnlichen Umständen ein solches Wagestück unternommen hätten. Werner hatte soeben seine Vorlesungen geschlossen und der neue Kurs sollte erst zu Anfang des Winters beginnen. Somit hatte Schubert den ganzen Sommer frei, um das wissenschaftliche Werk, auf welches er so große Hoffnungen setzte, auszuarbeiten. Den Plan zu demselben hatte er schon in Jena gefaßt und die Anregung dazu in Schelling's Vorlesungen erhalten. Seitdem dachte er in freien Stunden immer über dessen Ausführung nach, ohne jedoch zu einer schriftlichen Aufzeichnung zu kommen. Jetzt in Freiberg, wo er die gehörige Ruhe und Muße fand, wurde damit Ernst gemacht und bis zum Herbste war das Manuskript vollendet und schon zu Anfang des folgenden Jahres auch abgedruckt; es war der erste Band von den „Ahndungen einer allgemeinen Geschichte des Lebens," von denen wir bald nachher weiter sprechen werden.

Die Vorlesungen von Werner hatten jetzt begonnen und ihre Durchführung Schubert's große Erwartungen noch bei weitem übertroffen. Dankbar rühmte er späterhin, daß diese Vorträge und die einzelnen Stunden, die er bei diesem Meister im Lehren zubringen durfte, ihn in der klarern tiefern Erkenntniß der Natur mehr gefördert hätten als dieß ein Jahre langes Abmühen in Büchern und nach der Weisung anderer, minder begabter Lehrer zu thun vermocht haben würde. Herder, Schelling und Werner waren die drei großen Geister, die auf Schubert's Entwicklung den größten Einfluß ausgeübt haben, von denen er aber auch stets mit größter Hochachtung und wahrer Ehrfurcht sprach.

Noch während Werner's Vorlesungen, am 25. Januar 1806, wurde das Schubert'sche Ehepaar durch die Geburt eines lieblichen Töchterchens erfreut; es ist dieß das einzige Kind, mit dem Schubert überhaupt beschenkt wurde und hat als glückliche Gattin des jetzigen Consistorialrathes Dr. Ranke in Ansbach den Vater überlebt.

Werner hatte den Jahresgang seiner Vorlesungen geschlossen und somit lag auch für Schubert kein Grund mehr vor in Freiberg länger zu verweilen. Als nächste Aufgabe betrachtete er die Vollendung seines angefangenen Werkes, wozu ohnedieß schon der äußere Zwang, für den vergrößerten Bedarf der Familie Sorge zu tragen, nöthigte. Zur Durchführung dieser Arbeit war ihm aber die Benützung einer großen Bibliothek erforderlich und eine solche stand ihm in Dresden zu Gebote. Rasch wurde der Entschluß gefaßt dorthin überzusiedeln und sobald es thunlich war, auch ausgeführt. Schon zu Anfang Oktobers 1806 zog er mit Frau und Kind in Dresden ein.

Freilich die Geringfügigkeit der Baarschaft, die er bei diesem Einzuge in Dresden mitbrachte, hätte viele Andere mit nicht geringer Sorge für die Zukunft beschwert; nicht so das junge Ehepaar. Es hatte eben erst in Freiberg, wo der bei der Ankunft mitgebrachte Kassenbestand auch nicht größer war als dermalen, die wundervolle Durchhülfe Gottes erfahren und vertraute derselben auch für die Folgezeit. Und dieß nicht vergebens. Durch Unterricht, durch medizinische Praxis, die sich ihm ungesucht, zumal bei reichen polnischen und russischen Herrschaften, aufdrängte und durch öffentliche Vorlesungen erlangte er nicht nur ein reichliches Einkommen, sondern zugleich auch eine ehrenvolle Anerkennung in den angesehensten Kreisen von Dresden.

Mit diesen Vorlesungen verhielt es sich aber folgendermaßen. Böttiger, der von Weimar nach Dresden berufen worden war und Adam Müller hatten schon früher während des Winters öffentliche Vorträge für die gebildeten höheren Stände gehalten. Sie wollten diese auch für den Winter 1806 auf 7 fortsetzen und luden Schubert zur aktiven Betheiligung ein. Er sollte, wie sie ihm die Aufgabe stellten, Vorlesungen über ein Gebiet der Natur- und Seelenkunde halten, welches gerade für die damalige Zeit vom höchsten allgemeinsten Interesse war: über die Aeußerungen des Seelenlebens in jenen Zuständen einer Gebundenheit des leiblichen Lebens, welche der animalische Magnetismus hervorruft oder welche auch ohne diesen im Traume, in den Vorahnungen des Künftigen, im geistigen Ferngesichte u. s. w. sich kundgeben. Nun hatte zwar Schubert von Natur aus eine gewaltige Scheu vor dem öffentlichen Auftreten in glänzenden vornehmen Gesellschaften, allein da er von jetzt an doch nach einem öffentlichen Lehramte strebte, mußte er gleichwohl diese Furcht bewältigen, überdieß war das ihm aufgetragene Thema ein ihm ganz genehmes und das ansehnliche Honorar, das ihm zufiel, mußte vollends jede weitere Bedenklichkeit niederschlagen.

Indeß diese Vorlesungen Schubert's, welchen die Zuhörer mit der gespanntesten Aufmerksamkeit folgten, sollte ihm noch einen weiteren Gewinn bringen. Kaum hatte er den letzten seiner Vorträge geschlossen, so trat zu ihm der Buchhändler Arnold heran und bot ihm für den Verlag des Manuscriptes, das bereits vollständig niedergeschrieben war, ein in Schubert's Augen sehr hohes Honorar an. Der Antrag wurde angenommen und schon zu Anfang des Jahres 1808 war das Buch gedruckt mit dem Titel: „Ansichten von der Nachtseite der Naturwissenschaften" und fand eine so beifällige Aufnahme, daß nach und nach vier Auflagen davon erschienen. Schon früher war seine Ausarbeitung des zweiten Bandes (erste Abtheilung) der „Ahndungen einer allgemeinen Geschichte des Lebens" beendigt und durch den Druck veröffentlicht worden.

Von nun an harrte Schubert mit Sehnsucht, das Ziel aller seiner Bestrebungen, die Berufung an ein öffentliches Lehramt zu erlangen. Aber erst im Spätherbste ging seine Hoffnung in Erfüllung, indem ein Brief von Schelling, der damals bereits an unsere Akademie berufen worden war, anlangte, mit der Nachricht, daß Schubert zum Direktor des neu zu errichtenden Realinstitutes in Nürnberg ernannt sei.

In dem neuen Berufe, in welchen er am 21. März 1809 eintrat, gab es gleich von vorn herein vollauf zu thun, aber Schubert widmete sich demselben mit der vollsten Hingebung und der ganzen Energie seiner Thatkraft. Ihm zur Seite standen die trefflichen Collegen Schweigger, Wilhelm Pfaff, Kanne und später auch Erhardt, die im besten Einverständniß mit ihm zusammen wirkten, so daß die neue Anstalt bald im erfreulichen Rufe stand. In dem stillen Nürnberg, in einem schönen

Wirkungskreise und im Verkehr mit trefflichen Freunden, deren Bekanntschaft er hier machte, fand er schnell die innere Ruhe und Sammlung wieder, die ihm bei den übermäßigen Anstrengungen der letzten drei Jahre oft gestört worden war. Aber er fand noch mehr, denn erst hier gewann der ihm von frühester Jugend eingepflanzte Christenglaube seine eigentliche Triebkraft und wurde von nun an der leitende Mittelpunkt für sein ganzes fernerer Leben.

In solcher Weise verlebte er zwei glückliche Jahre in Nürnberg als am 11. Februar 1812 ihn der schwere Schlag traf, seine treffliche, edle Gattin, die mit ihm Leid wie Freud in gleich inniger Liebe getheilt hatte, nach einem kurzem Krankenlager durch den Tod zu verlieren. Dieß war freilich ein ungeheurer Verlust, um so schmerzlicher für den armen Mann, als er nun nebst dem Haushalte die Pflege zweier kleinen Kinder — er hatte nämlich nach dem frühzeitigen Ableben unseres ehemaligen Collegen, des berühmten Physikers Ritter, dessen jüngstes Töchterchen von drei Jahren an Kindesstatt angenommen — zu besorgen hatte. Nun folgten für ihn schwere Zeiten, zumal da er zur Leitung eines Hauswesens kein Geschick hatte und eine rechte Aushülfe nicht zu finden war. Da mußte er endlich doch dem Rathe der Freunde folgen, an eine Wiederverheirathung zu denken und seine Wahl fiel auf eine nahe Verwandte seiner seligen Gattin, auf Julie Steuernagel aus Bärenwalde, mit der er sich am 25. April 1812 ehelich verband. Und diese Wahl war eine überaus glückliche, denn die zweite Gattin war von gleichem Adel der Gesinnung wie ihre Vorgängerin. Sie ist seitdem 47 Jahre lang bis zu seinem Tode ihm treulich zur Seite gestanden und hat ihn mit der aufopferndsten Hingebung gepflegt.

So verflossen weitere drei Jahre in Nürnberg, als die Aufhebung des Realinstituts Schubert veranlaßte, dem Antrage des Herrn Erbgroßherzogs Ludwig von Mecklenburg-Schwerin: die Erziehung seiner ältesten Tochter, der Prinzessin Marie, zu übernehmen, Folge zu geben. Schon im Frühjahr 1816 ging der Umzug nach Ludwigslust vor sich, aber schweren Herzens schieden die beiden Ehegatten von ihrem bisherigen Aufenthaltsorte, der ihnen zur zweiten Heimath geworden war. In Mecklenburg fand Schubert die freudigste Aufnahme und erwarb sich die Achtung und Anerkennung der ganzen großherzoglichen Familie in hohem Grade. Aber bald mußte er doch schmerzlich erkennen, daß er für das gebundene und ceremonielle Leben an einem Hofe nicht geeignet sei, daß er vielmehr aus seinem eigentlichen Berufe, der Wirksamkeit in einem öffentlichen Lehramte, der Naturgeschichte, getreten wäre. Als daher die drei Jahre, für die er sich zunächst verbindlich gemacht hatte, verflossen waren, suchte er um seine Entlassung nach, die ihm nur sehr ungern bewilligt wurde. Zum Glück kam bald eine Professur der Naturgeschichte an der Universität Erlangen in Erledigung und der Senat hatte ihn einstimmig und zugleich als den einzigen, der auf die Wahlliste kam, in Antrag gebracht, und die Regierung genehmigte unverzüglich seine Berufung.

Hiermit wurde Schubert von Neuem für Bayern gewonnen, in welchem er ohnedieß schon ganz heimisch geworden war. Im Frühjahr 1819 traf er in Erlangen ein, um im folgenden Sommer seine Vorlesungen zu beginnen. Von jetzt an führte er das stille friedliche Leben eines akademischen Lehrers, der sich zunächst seinem Berufe, die studirende Jugend durch den mündlichen Vortrag in die Fächer der ihm übertragenen Wissenschaft einzuführen, mit Eifer und Treue hingibt und der überdieß nach Neigung und Muße durch schriftstellerische Arbeiten noch einen weiteren Wirkungskreis gewinnen will.

Zunächst waren Schubert die Fächer der allgemeinen Naturgeschichte, Zoologie und Mineralogie angewiesen worden; da aber während seiner Berufung auch die Professur der Botanik in Erledigung kam, wurde ihm diese ebenfalls bis zu ihrer Wiederbesetzung, die lange auf sich warten ließ, nebst der Direktion des botanischen Gartens übertragen. Auf den Wunsch der Studenten hielt er überdieß noch besondere Vorlesungen über Forstwissenschaft, Geognosie und Bergbaukunde. Der Umfang seiner Kenntnisse und die Leichtigkeit sich in Neues einzuarbeiten, machte es ihm möglich, in allen diesen Gebieten zur vollkommenen Genüge zu entsprechen.

Mit dem größten Eifer gab sich Schubert seinem akademischen Berufe hin und erwarb sich schnell die höchste Achtung der Studenten und seiner Collegen. Aber er beschränkte seine Wirksamkeit auf die studirende Jugend nicht blos auf die Katheder-Vorträge, sondern er öffnete ihr auch sein gastliches Haus zum persönlichen Verkehr, und sein gemüthliches Wesen war ganz geeignet einen belebenden Einfluß auf seine jungen Freunde zu äußern. Die zahlreichen botanischen Exkursionen, die er mit seinen Zuhörern unternahm, waren ihnen immer ein wahrer Freudentag, denn sie waren für sie nicht nur sehr belehrend, sondern Schubert verstand es auch mit den jungen Männern in rechter Weise jugendlich fröhlich zu sein.

Durch das besondere Vertrauen, das Se. Majestät der König Ludwig zu Schubert hegte, wurde er bei Versetzung der Universität Landshut nach München hieher berufen und trat am 25 Mai 1827 in seinen neuen Wirkungskreis als Professor der allgemeinen Naturgeschichte und Conservator der zoologisch-zootomischen Sammlung des Staates ein. Im Wesentlichen wurde hierbei in seinem amtlichen Berufe fast nichts geändert, nur daß er seine Vorlesungen bald ganz auf die allgemeine Naturgeschichte und Psychologie beschränkte. Dazu kam nun noch der höchst ehrende Auftrag von Seiner Majestät dem König Ludwig, den königlichen Prinzen und Prinzessinnen naturwissenschaftliche Vorträge zu halten, zu welchen er später auch von der Herzogin von Leuchtenberg für ihre beiden Prinzen aufgefordert wurde. In demselben Jahre, in welchem er berufen worden war, wurde er auch zum ordentlichen Mitgliede unserer Klasse gewählt, deren Verhandlungen er fleißig beiwohnte, und als deren Redner er zweimal in ihren öffentlichen Festsitzungen auftrat.

Aus dem ruhigen Leben, das Schubert hier, wie in Erlangen führte, trat er jedoch auf ein Jahr lang ganz hinaus, um in ein desto bewegteres zu gerathen. Wanderlustig wie er war, zugleich aber auch von einem sehnlichen Wunsche seines frommen Gemüthes mächtig angereizt, hatte er schon lange den Gedanken in sich gehegt, eine Reise nach dem Oriente zu unternehmen, um daselbst die Stätten, auf welchen die größten Ereignisse der

Weltgeschichte verlaufen sind, aus eigner Anschauung kennen zu lernen. Der lang hin und her bewegte Gedanke wurde endlich zur That und am 6. September 1836 die Reise in Begleitung seiner muthigen Gattin angetreten. Als Reisegefährten hatten sich ihm zwei seiner liebsten Zuhörer, Johannes Roth und Michael Pius Erbl, die damals Naturgeschichte und Medizin an unserer Universität studirten, angeschlossen. Als dritter Begleiter gesellte sich der Maler Martin Bernatz bei, ein Jugendfreund der beiden andern Gefährten und schon seit längerer Zeit im Schubert'schen Hause freundlich aufgenommen.[1])

Nach der Rückkehr von dieser Reise, die etwas über ein Jahr dauerte, trat Schubert wieder in das ruhige gleichförmige Leben eines Gelehrten ein, der seine Zeit zwischen seinen Vorlesungen und literarischen Arbeiten theilt. Schon in den letzten Jahren seines Aufenthaltes in Erlangen war er wieder als Schriftsteller aufgetreten, aber seine wichtigsten Schriften erschienen doch erst hier in München.

In solch ruhigem Fortgange rückte allmälig das Alter heran. Eine

---

1) Das Ziel der Reise war Jerusalem; es genügt hier nur die Richtung und die Hauptstationen, wo ein längerer oder kürzerer Aufenthalt gemacht wurde, zu bezeichnen. Die Reise führte zuerst die Donau hinab und über das schwarze Meer nach Konstantinopel; von da ebenfalls zu Wasser nach Smyrna, Alexandrien und Kairo. Von hier wurde die Richtung eingehalten, welche die Kinder Israel unter Moses Führung nach dem gelobten Lande eingeschlagen hatten, nämlich quer durch die Wüste nach Suez und Tor an den Berg Sinai und dann über Akaba und Hebron nach Jerusalem. Der Rückweg wurde über Damaskus und Beyruth und von da weiter über Athen und Livorno genommen, und am 28. September 1837 trafen die Reisenden wohlbehalten wieder hier ein. Diese Reise wird in den geographischen Annalen immer denkwürdig bleiben, da auf ihr die wichtige Entdeckung gemacht wurde, daß der Spiegel des todten Meeres tief unter dem des mittelländischen zu liegen kommt. Die sonstigen bedeutenden Ergebnisse dieser merkwürdigen Reise sind durch Schubert in seiner Reisebeschreibung veröffentlicht worden.

Heiserkeit, die ihn in zwei auf einander folgenden Herbsten befiel, nöthigte ihn die Vorlesungen auszusetzen, und da er doch bereits im 73. Lebensjahre stand und ihm fühlbar wurde, daß er größeren Anstrengungen nicht mehr gewachsen sei, sah er sich veranlaßt, um Enthebung von der Professur und von der Stelle eines Conservators nachzusuchen. Mit vollster Anerkennung seiner langjährigen treuen Dienstleistungen wurde ihm diese durch Seine Majestät, unseren allverehrten König, in huld- und ehrenvollster Weise gewährt und zur besonderen Auszeichnung ihm der Titel eines Geheimerathes beigelegt.

Seitdem lebte der ehrwürdige Greis in noch größerer Zurückgezogenheit als vorher. Wenn auch einigemale durch Leberleiden und Abgang von Gallensteinen schwer bedroht, hatte er doch im Allgemeinen eines ziemlichen Wohlbefindens sich zu erfreuen, nur daß nach und nach eine gewisse Schwerfälligkeit des Körpers eintrat. Aber der Geist blieb frisch und rüstig mit jugendlicher Freudigkeit bis an das Ende seines Lebens. Von Jugend auf an Arbeit gewöhnt setzte er diese auch im hohen Alter ununterbrochen fort, wie davon die seitdem von ihm herausgegebenen Schriften Zeugniß geben. Auf die Bearbeitung eigentlich wissenschaftlicher Aufgaben hatte er jetzt Verzicht geleistet, insofern sie nicht die Revision neuer Auflagen betrafen. Schriften zur Förderung christlichen Sinnes und Lebens, insbesondere Biographien und Jugendschriften, waren es, deren Ausführung er sich zunächst mit ganzer Seele hingab. Als die bedeutendsten Arbeiten aus dieser Zeit sind besonders seine Selbstbiographie und die „Erinnerungen aus dem Leben der Herzogin von Orleans" hervorzuheben. Noch den Winter von 1859 auf 60 brachte der verehrte Greis ziemlich leidlich zu, wenn er auch nur selten mehr das Haus verlassen konnte. Allein mit dem Frühjahr schwanden die leiblichen Kräfte immer mehr dahin und die Freunde konnten sich die Größe der Gefahr, in der ein ihnen so theures Leben schwebte, nicht mehr verbergen. Auch der Greis selbst hatte lange vorher schon erkannt, daß die Zeit seines Abscheidens ihm nahe gerückt sei und in der Stärke und Zuversichtlichkeit seines Glaubens ging er derselben nicht blos in vollster Bereitschaft und Ergebung entgegen, sondern er wurde auch von der innigsten Sehnsucht ergriffen, von seinem Herrn und Heiland bald heimgeholt zu werden. Am 1. Juli 1860 wurde seines Herzens Sehnen erfüllt; ohne eigentlichen Todeskampf, mit hellem klarem Geiste ging er hinüber in die Wohnungen des ewigen Friedens. Seine letzten Worte waren ein Segenswunsch für die Seinigen.[1])

Auf diesen kurzen Abriß der Lebensgeschichte Schubert's möge nun, ebenfalls in gedrängten Umrissen, eine Charakteristik seiner literarischen Leistungen folgen; gehören doch diese wesentlich mit zur Geschichte des Lebens eines Gelehrten. Seine Schriften sind eben so zahlreich als mannigfaltig und haben in weiten Kreisen verdiente Anerkennung gefunden, wie dieß die mehrmaligen Auflagen bezeugen; sie sind theils wissenschaftlicher, theils mehr allgemeiner und populärer Art. Die ersteren erstrecken sich über das ganze Gebiet der Naturwissenschaften und der Psychologie und sollen, als dem akademischen Kreise zunächst liegend, zuerst in Betracht gezogen werden.

In seinem amtlichen Lehrerberufe waren Schubert zur Hauptaufgabe die Vorträge über allgemeine Naturgeschichte gemacht worden. Diese Aufgabe hatte er schon an dem Realinstitut in Nürnberg, dann an den beiden Universitäten Erlangen und München zu lösen. Und weil er seine Aufgabe als Lehrer nicht gering nahm, so machte er sich mit seiner ganzen Energie daran, alle Gebiete der Naturwissenschaften gleichmäßig zu bewältigen; und es ist ihm in der That gelungen.

Hiebei kam ihm zweierlei zu Statten. Erstlich hatten vor vierzig und fünfzig Jahren die Naturwissenschaften weder nach ihrem Umfange noch nach

---

1) Ueber die letzten Tage des selig Heimgegangenen sind zwei werthvolle Berichte erschienen mit folgenden Titeln: 1) G. H. von Schubert. Mittheilungen über die letzten Tage desselben. Von Dr. F. H. Ranke, Consistorialrathe. Berlin 1860 (als Separatabdruck aus der Evangelischen Kirchenzeitung, 1860.) — 2) „Vater Schubert's Ende noch einmal" im Volksblatt für Stadt und Land. 1860. Nr. 75.

ihrer Tiefe hin eine solche Ausdehnung gewonnen, wie es heutigen Tages der Fall ist. Es war daher für strebsame talentvolle Männer die Möglichkeit gegeben, das ganze Gebiet der Naturwissenschaften, wenn auch nicht in allen Theilen im gleichen Grade, zu bewältigen. Außer Schubert geben uns Beispiele: Humboldt, Kielmeyer, Blumenbach, Schrank, Hausmann, Link, Oken und Andere. Dann kam ihm aber auch noch die außerordentliche Leichtigkeit der Auffassung und ein bewundernswerth treues Gedächtniß, selbst für Zahlen, trefflich zu Hülfe. Mit der gleichen Leichtigkeit gelang es ihm das im Geiste reiflich Verarbeitete im mündlichen oder schriftlichen Ausdruck wiederzugeben; daher die große Zahl seiner Schriften, zumal wenn man in Anschlag bringt, daß den neuen Auflagen derselben meist eine erhebliche Umarbeitung, zuweilen selbst eine totale, oder doch wenigstens eine ansehnliche Erweiterung zu Theil geworden ist. Eine reiche Fantasie gab den Gedanken Schmuck und Leben, ein tiefes Gemüth eine wohlthuende Herzinnigkeit.

Zu dieser glücklichen Begabung kam noch eine riesenhafte Arbeitskraft. Vom frühesten Morgen an, im Winter wie im Sommer, saß er, wenn sonst nicht andere Geschäfte ihn abriefen, bis gegen Mittag an seinem Arbeitstische mit Studien oder Ausarbeitungen beschäftigt. Seine Vorlesungen hielt er gewöhnlich an den Nachmittagen, aber auch an diesen wurden noch einige Stunden den amtlichen oder literarischen Arbeiten gewidmet. Er verstand es überhaupt seine Zeit weislich auszunützen. Aus der lebhaftesten Unterhaltung im Kreise von Freunden oder aus den Zerstreuungen einer Reise zog er sich plötzlich zurück an ein einsames Plätzchen, und wußte so schnell zur innern Sammlung und Ruhe zu gelangen, daß er an begonnenen Arbeiten fortfahren konnte, als hätte er sich zuvor in der größten Stille befunden.

Die erste Arbeit, mit welcher Schubert seine schriftstellerische Laufbahn auf dem wissenschaftlichen Gebiete eröffnete, war ganz aus dem Geiste der naturphilosophischen Schule von Schelling hervorgegangen. Es sind dieß die „Ahndungen einer allgemeinen Geschichte des Lebens", wevon der erste Band im Jahre 1806 und der zweite (1. Abth.) 1807 erschien. Den Plan dazu hatte er schon in Jena, als er Schelling's Vorlesungen über Naturphilosophie hörte, gefaßt. Obwohl er sich selbst die gewaltigen Schwierigkeiten einer befriedigenden Lösung einer so ungeheuren Aufgaben wie es die Untersuchung des allgemeinen Grundes des Lebens ist, nicht verhehlen konnte, so hoffte er doch im kecken jugendlichen Selbstvertrauen auf seine eigene wissenschaftliche Durchbildung und insbesondere auf die damals in ihrem höchsten Rufe stehende Naturphilosophie, der man die Lösung aller Probleme des Lebens zutraute, zum erwünschten und ehrenvollen Ziele zu gelangen.

Die beiden ersten Bände waren nur von vorbereitender Art auf die eigentliche Lösung der Aufgabe. Der erste Band beginnt mit einer prachtvollen Allegorie, die unter dem Titel: „Einige Mythen" dazu bestimmt ist, den Inhalt der nachfolgenden wissenschaftlichen Untersuchungen abzuspiegeln. Sie ist erfüllt von einer gewaltigen Gluth der Begeisterung und im höchsten dichterischen Schwunge abgefaßt. In den darauf folgenden Erörterungen werden dann nachstehende Grundgedanken entwickelt. Es ist nur Ein heiliger Grund des Daseins, nur Ein Geist des Lebens, Einer in Allen. Das Leben des Organischen so wie alle Thätigkeit und Wirksamkeit im Unorganischen ist aus einer einzigen Ursache und von einem allgemeinen Gesetz herzuleiten. Organisches und Unorganisches sind keine streng geschiedene Gegensätze; sie gehen allmälich in einander über und bezeichnen nur verschiedene Grade einer stufenweise gesteigerten Entwickelungsreihe. Alle Naturen streben der Vermählung, der Zeugung eines neuen Wesens, zu; dann aber sterben sie, um im Tode aus der Verwesung zu einem neuen höheren Leben herangebildet zu werden. Denn allem Leben gemeinsam ist das Werk der Zeugung und Verwesung. Das Leben geht erst aus dem Tode hervor und seine Elemente ruhen auf scheinbarer Vernichtung. Seine Gluth verzehrt die starre Besonderheit und hebt endlich das Dasein des Einzelnen auf, indem es dieses mit dem Ganzen vermählt. Und diese Vermählung ist es, welcher alle Dinge mit Verlangen entgegen gehen; erst im Tode entfalten sich des Lebens schönste Blüthen.

Der zweite Band der Ahndungen befaßt sich in seiner ersten Abtheilung, die nur um ein Jahr später als der erste Band erschien, zuvörderst mit den chemischen Vorgängen der Verwesung und macht sich dann an den Versuch, die in der unorganischen Welt herrschenden allgemeinen Gesetze auch im Gebiete der organischen anzudeuten. Die zweite Abtheilung des zweiten Bandes war bestimmt, den Uebergang aus der Verwesung in das neue höhere Dasein ins Klare zu setzen, allein ihre Publikation ließ lange auf sich warten und als sie endlich nach vierzehnjähriger Unterbrechung im Jahre 1821 erschien, befaßte sie sich nicht mit der Lösung der angekündigten Aufgabe, sondern sie reihte sich an den Schluß der ersten Abtheilung unmittelbar an, indem sie lediglich „von den bestimmten Perioden, die sich in der Geschichte des allgemeinen und besonderen Lebens wahrnehmen lassen, und von den chronologischen Systemen des Alterthums" handelte. Zwar wurde auch jetzt noch die Publikation eines dritten und letzten Bandes zur Abschließung der Hauptaufgabe dieses Werkes in Aussicht gestellt; jedoch bereits mit dem Bemerken, daß diesem Theile zugleich eine zurechtweisende Uebersicht über den Inhalt der beiden ersten Bände vorausgehen solle, indem nämlich dem Verfasser seit der Bearbeitung der früheren Abtheilungen über viele in ihnen berührten Gegenstände ein anderes Licht geworden sei, was sich seiner Natur nach weder verläugnen wolle, noch verläugnen dürfe. Allein der verheißene Schlußband ist niemals erschienen und konnte es auch nicht, weil eben das dem Verfasser der Ahndungen mittlerweile neu aufgegangene Licht von einer Art war, daß dadurch eine endliche Abschließung auf Grund des früher angelegten Planes geradezu unmöglich gemacht worden war.

Während seines stillen Aufenthaltes in Nürnberg war nämlich Schubert zur Einsicht gekommen, daß sich seine naturphilosophische Weltanschauung in mehreren Stücken nicht mehr im Einklang mit der christlichen befand. Er überzeugte sich weiter, daß bei dem dürftigen Material, wie es ihm der damalige Stand der Naturwissenschaften zu bieten vermochte, noch lange nicht die Zeit gekommen sei, um sich an die Lösung einer so umfasjenden und tiefgreifenden Aufgabe, wie er sie sich gestellt hatte, wagen zu dürfen. Eben so wurde ihm klar, daß man mit tecken naturphilosophischen Spekulationen so wenig als mit kühn gewagter Benützung des arithmetischen Kalkuls die ungeheuren Lücken in der Kenntniß des Thatbestandes auszufüllen versuchen könne, ohne nicht, wie er offen selbst bekennt[1]), auf Abwege und Verirrungen zu gerathen. Was war unter solchen Umständen zu thun? Offenbar nichts Besseres als was Schubert that, nämlich den angefangenen Bau unvollendet stehen zu lassen, dagegen von seinem Materiale das Brauchbare, dessen in großer Menge vorhanden war, zur Aufführung späterer Werke zu benützen. Für ihn aber brachte die gemachte Erfahrung den großen Nutzen, daß er von nun an seine lebhafte Fantasie in strengere Zucht nahm und seinen späteren Arbeiten einen näher gerückten Zielpunkt sowie eine festere Unterlage auf Grund der Thatsachen darbot.

In demselben Jahre (1807), in welchem die erste Abtheilung des zweiten Bandes der „Ahndungen" erschien, hatte Schubert seine öffentlichen Vorlesungen in Dresden begonnen und sie gelangten im folgenden Jahre zur Publikation unter dem Titel: „Ansichten von der Nachtseite der Naturwissenschaft." Sie umfassen einen mäßigen Band und haben bis zum Jahre 1840 vier Auflagen erlebt[2]); ihr Inhalt reicht übrigens weiter als der Titel angibt, denn neben dem sogenannten Nachtgebiete sind auch mehrere wichtige Kapitel aus dem Taggebiete abgehandelt. Da er zu der Zeit, wo er dieses Buch verfaßte, noch in den Banden der naturphilosophischen Schule ganz befangen war, so konnte es nicht fehlen, daß Parthien in dasselbe geriethen, mit denen er später nicht mehr einverstanden war. Indeß in diesem Falle war leicht zu helfen, da nicht der ganze Plan, sondern nur einzelne Kapitel zu verwerfen waren. Als daher zehn Jahre

---

1) Selbstbiographie II. S. 123, 124, 192.
2) Die Ansichten von der Nachtseite der Naturwissenschaften sind durch Mohrenheim auch in's Russische übersetzt worden.

später eine neue Auflage nöthig wurde, konnte er leicht die erforderlichen Aenderungen anbringen. Mit der größten Offenheit, die bis zur Ungerechtigkeit gegen sich selbst ging, gestand übrigens Schubert die Abirrungen, auf die er in der ersten Bearbeitung gerathen war, unumwunden zu, und berichtigte sie.[1]) Mit diesem Buche, das in geistvollster Weise und anmuthiger Darstellung eine tiefere Einsicht in eines der dunkelsten Gebiete des Seelenlebens eröffnete und deßhalb die ehrendste Anerkennung fand, hat Schubert seinen literarischen Ruf zunächst und nachhaltig begründet, so daß er dadurch seinen spätern Schriften den Weg zur willfährigen Aufnahme, ja zum Theil sich selber zu der amtlichen Stellung bahnte, welche seinem äußeren wie inneren Berufe die angemessenste war.

Durch den Eintritt in ein öffentliches Lehramt, das ihn zu Vorträgen über verschiedene Theile der Naturwissenschaften veranlaßte, kam ihm der Gedanke, eigne Lehrbücher hierüber auszuarbeiten. Den Anfang machte er mit seinem „Handbuch der Geognosie und Bergbaukunde" 1813 und dem „Handbuch der Mineralogie" 1816. Beiden Büchern lagen die Werner'schen Ansichten zu Grunde; da aber letztere bereits zu dieser Zeit in ihrer Autorität zu schwanken anfiengen, so konnten diese Lehrbücher nicht mehr zu der Beachtung gelangen, die sie verdient hätten. Indeß wird das Handbuch der Geognosie doch immer einen historischen Werth behalten, da es eine genaue Darstellung von Werner's Theorie der Gebirgsbildung nach dessen öffentlichen Vorlesungen giebt, während Letzterer selbst dieselbe niemals veröffentlicht hat.

An diese beiden Lehrbücher schloß sich dann sein Buch betitelt: „die Urwelt und die Firsterne." 1822 (2. Auflage 1838) an, ferner das „Handbuch der Kosmologie" 1823, und das kleinere „Lehrbuch der Sternkunde" 1830 (3. Auflage 1857).

Im Jahre 1826 gab Schubert eine „allgemeine Naturgeschichte

---

1) A. a. O. II S. 244.

oder Andeutungen zur Geschichte und Physiognomik der Natur" heraus, die hauptsächlich als Leitfaden für seine Vorlesungen dienen sollte und diesem Zwecke trefflich entsprach. Sie begreift in sich in einem starken Bande die Sternkunde, Geognosie, Mineralogie, Botanik und Zoologie. — Dieses Handbuch fand eine so günstige Aufnahme, daß sie eine neue Auflage erforderlich machte, die in 3 Bänden unter dem Titel: „die Geschichte der Natur als zweite, gänzlich umgearbeitete Auflage der allgemeinen Naturgeschichte" in den Jahren 1835 bis 1837 erschien. Zur Aenderung des Titels wurde er dadurch veranlaßt, daß er schon in der Ueberschrift anzeigen wollte, daß diese „Geschichte der Natur" bestimmt sei, sich an ein anderes seiner Bücher, „die Geschichte der Seele" anzureihen und mit letzterem ein geschlossenes Ganzes zu bilden. Als solches erfaßte er aber die beiden Gebiete der Natur und des Seelenlebens des Menschen, insofern sie von einer höheren einigenden Mitte ausgegangen und durchdrungen sind und hiedurch in die innigste Beziehung zu einander treten.

Indeß Schubert sollte, schon im Greisenalter stehend, noch die Freude erleben, daß von diesem umfassenden Werke eine dritte Auflage zur Publikation gelangte. Sie war ebenfalls auf 3 Bände berechnet, von denen indeß nur die beiden ersten erschienen; der erste mit dem besonderen Titel: „das Weltgebäude, die Erde und die Zeiten des Menschen auf der Erde" 1852, der zweite, die Mineralogie behandelnd, 1853. — Wenn man bedenkt, daß Schubert schon das siebenzigste Lebensjahr überschritten hatte, als er mit dieser neuen Bearbeitung den Anfang machte, so muß man erstaunen über die Frische und Lebendigkeit seiner Darstellung, sowie über die gründliche Fortbildung auf diesen Gebieten der Naturwissenschaft, denen er freilich vor allen andern von seinem ersten schriftstellerischen Auftreten an das tiefste Interesse zugewendet hatte. Da er wohl einsah, daß diese neue Bearbeitung seiner Geschichte der Natur die letzte von seiner Hand werden würde, so war er mit allem Ernste bemüht, sie in würdigster Weise abzuschließen, was ihm auch vollkommen gelungen ist, so daß sie unter seinen zahlreichen naturwissenschaftlichen Arbeiten die erste Stelle einnimmt.

Noch ist hier zu erwähnen sein „Spiegel der Natur" 1845 (2. Auflage 1852) und sein kleines „Lehrbuch der Naturgeschichte für Schulen und zum Selbstunterricht," das vom Jahre 1829 bis 1859 nicht weniger als 19 überaus starke Auflagen erlebte. Beide sind zum Volksbuche bestimmt und sind dies auch im besten Sinne des Wortes geworden.

Es bleibt jetzt noch übrig näher auseinander zu setzen, wie Schubert selbst seine eigentliche Aufgabe auf dem Felde der Naturgeschichte, deren Vortrag ihm zur Berufsaufgabe gemacht war, erfaßt hat. Wie seine zahlreichen größern Lehrbücher ausweisen, hat er sich in ihnen nicht blos mit allgemeinen Umrissen begnügt, sondern auch die einzelnen Typen mit großer Sorgfalt behandelt. Dennoch war er kein eigentlicher Spezialist. Er hat nie eine spezielle Arbeit über einzelne Gruppen aus der organischen oder unorganischen Natur, die einer genaueren Erforschung bedürftig gewesen wären, unternommen. Gleichwohl war er fortwährend bemüht, sich von allen Hauptformen der Naturgebilde in Kenntniß zu erhalten; mit ganz besonderem Interesse aber verfolgte er die großen Entdeckungen, welche in neuerer Zeit im Bereiche der Astronomie, Physik und Chemie gemacht wurden. In frühern Jahren hatte er fleißig Pflanzen und Insekten gesammelt, auch eine hübsche Mineralien- und Conchylien-Sammlung sich angelegt. Ebenso war es ihm eine dringliche Angelegenheit, die ihm untergebenen Universitäts- und Staatssammlungen in Flor zu bringen, und der große Kreis seiner in- und ausländischen Freunde wurde von ihm lebhaft um Zusendung von Naturalien angegangen, was auch den erwünschtesten Erfolg hatte und unsern naturhistorischen Anstalten eine ansehnliche Bereicherung zuwandte. Indeß hielt er es doch nicht, wie gesagt, für seine eigentliche Aufgabe die Kenntniß der Spezialitäten durch eigne Untersuchungen zu fördern; vielmehr erfreute er sich daran, an ihnen eine sichere Unterlage zu gewinnen zur Ziehung allgemeiner Resultate, zur Auffindung höherer Gesetzmäßigkeit und zur Nachweisung des innern Zusammenhanges, in welchem die Welt der Sichtbarkeit zu ihrem Ursprunge, dem allbedenkenden und allumfassenden göttlichen Geiste steht, aus dessen Machtfülle sie hervorgegangen ist. Die Lösung dieser Aufgabe war ihm die höchste und wichtigste, welche ihn vor allen andern in seinen wissenschaftlichen Studien beschäftigte; diese Richtung hatte er schon in seiner ersten Arbeit, den „Ahnungen", an den Tag gelegt und sie ist der Grundton aller seiner späteren naturwissenschaftlichen Schriften geblieben.

In der treffendsten Weise hat vor Kurzem ein ihm geistesverwandter Freund in einem herrlichen Nachrufe auf Schubert dessen Grundrichtung in der Auffassung der Welt der Kreatürlichkeit in folgenden Worten ausgesprochen.¹) „Die Welt der Erscheinung aus ihren unsichtbaren zeugenden und bildenden Kräften zu begreifen, das schaffende Wirken des Geistes in der Natur und das grundlegende, sowie bekräftigende Walten der Natur in der Welt des Geistes zu erkennen, das Geistige im Bilde des Leiblichen, das Ewige im Bilde des Irdischen zu schauen und den Zug des Niederen nach dem Höheren, das Ausstrecken des Bedürfnisses nach dem Quell seiner Befriedigung, durch Alles hindurch aber das mütterliche Band eines allumfassenden Lebens und einer allwaltenden Liebe zu verfolgen — dies war das Element, worin sein Geist am liebsten sich bewegte."

Das Reich des Körperlichen wurde für Schubert durchsichtig; in ihm erschaute er bereits das Hereingreifen einer allseitig und unbegrenzt über dasselbe hinausreichenden höheren Welt des Geistigen, aus welcher alle Ordnung und Gesetzmäßigkeit in der Natur ihren Ausgang nimmt und wodurch diese selbst zum Widerschein göttlicher Herrlichkeit wird. Die Natur war ihm nicht ein starrer, in sich abgeschlossener Mechanismus, der von blinden, sich selbst genügenden, ihrer eignen Wirksamkeit sich selber unbewußten Weltkräften geleitet wird, sondern in ihrem wundervollen, harmonisch

---

1) Neue evangelische Kirchenzeitung 1860. Nr. 50.

zusammenwirkenden Organismus erkannte er das Wirken der höchsten Weisheit und Intelligenz, das Walten Gottes des Schöpfers, der seinen Willen zum Gesetz der Natur gemacht hat und ihn in ihr fortwährend bethätigt. Und eben weil die Natur überall von den Kräften des Geistes Gottes durchwirkt wird, so waren ihm dessen Spuren auch allenthalben in ihr wahrnehmbar. So wußte Schubert in rechter Art die Natur zu vergeistigen und gerade in dieser geistvollen Anschauung derselben liegt das Eigenthümliche und zugleich Bedeutsame von seinen naturwissenschaftlichen Schriften, wodurch er einer höheren Auffassung der irdischen Dinge, wie sie sich schon zum Theil in den tiefen Denkern des Alterthums aussprach, zu ihrem Rechte verhalf.

Wenn schon Schubert's Seherauge durch den Schleier, welcher jetzt über den innern Zusammenhang der materiellen Welt und ihrem göttlichen Urgrunde gezogen ist, lichtvoll hindurchzublicken vermochte, so lag ihm diese Beziehung, indem er sich mit seinen Betrachtungen dem Menschen zuwandte, weithin aufgedeckt vor. Bei diesem konnte er sich noch weniger daran genügen lassen ihn als bloßes naturhistorisches Objekt zu erfassen, vielmehr erkannte er ihn als geistiges, im Ebenbilde Gottes geschaffenes Wesen, das nur nach seiner untern Sphäre dem Kreise der irdischen Dinge eingefügt, nach seiner höheren aber derselben vollständig entrückt und der geistigen Welt selbst angehörig ist. Obwohl er ebenfalls das Verhältniß, in welches der Mensch zu den übrigen Geschöpfen der irdischen Welt gestellt ist, umsichtig und sinnvoll beleuchtete, so fand er doch seine höchste Aufgabe darin, die Züge des göttlichen Urbildes im menschlichen Abbilde nachzuweisen. Hiemit gehen wir aber jetzt von seinen naturwissenschaftlichen Arbeiten zu den psychologischen über.

Das Hauptwerk derselben ist die „Geschichte der Seele", die zuerst im Jahre 1830 in einem Bande und in vierter Auflage 1850 in zwei Bänden erschien.[1]) Schubert selbst hat sie als das Hauptwerk seiner wis-

---

[1] Als Leitfaden für den Unterricht hat Schubert einen Auszug aus seinem größeren

senschaftlichen Thätigkeit bezeichnet und sie ist dieß auch in der That sowohl durch die Bedeutsamkeit und Tiefe der in ihr entwickelten Ideen als durch die prachtvolle, schwunghafte Darstellung. Eine höchst schätzbare Beigabe ist die Beiziehung der wichtigsten Ansichten der großen Denker des klassischen und des christlichen Alterthums über die höchsten geistigen Interessen unseres Geschlechtes. In der „Geschichte der Seele" ist auch die Eigenthümlichkeit seiner Darstellungsweise am meisten ausgeprägt, indem er es nicht liebte, seine Gedanken lediglich in der begrifflichen Form der abstrakten wissenschaftlichen Methode auszusprechen, sondern eine reiche Fantasie und ein warmes Gemüth gestalteten sie zugleich zu lebensvollen Bildern. Die tiefen Ideen, die er entwickelte, beschäftigten nicht blos seinen Verstand, sondern wurden von ihm im innersten Grunde seines Gemüthes mitempfunden und ihre Darstellung gewann dadurch eine Innerlichkeit, Wärme und Anschaulichkeit, von der der Leser mächtig ergriffen wird. So ist es erklärlich, wie dieses Buch, dessen Inhalt keineswegs zu einer leichten Lektüre für das große Publikum bestimmt ist, sondern in die Besprechung der schwierigsten Probleme des Seelen- und Geisteslebens des Menschen eingeht, doch eine solche außerordentliche Verbreitung erlangen konnte.

Das Fundament, auf welches Schubert seine Geschichte der Seele begründete, ist einerseits die Natur, andererseits die göttliche Offenbarung, mit deren beiden Gebieten er gleich vertraut war. Um seine psychologischen Grundanschauungen näher kennen zu lernen, wird es genügen, einen ihrer wichtigsten Punkte hervorzuheben, nämlich die Beleuchtung des Verhältnisses, in welches der Mensch einerseits nach unten hin zu dem Reiche der irdischen Sichtbarkeit, andererseits nach oben hin zu Gott gestellt ist. Es dient

---

Werke erscheinen lassen unter dem Titel: „Lehrbuch der Menschen- und Seelenkunde zum Gebrauche für Schulen und zum Selbststudium." 1838; 2te Auflage 1842. — Einen Anhang zur Geschichte der Seele bildet sein Buch: „die Krankheiten und Störungen der menschlichen Seele." 1845.

diese Erörterung zugleich zum speziellen Nachweise, von welchen fundamentalen Anschauungen Schubert in der Auffassung und Gliederung des Naturgebietes geleitet wurde, wovon wir vorhin nur die allgemeinsten Grundzüge andeuten konnten.

Die ganze Welt der Sichtbarkeit, so beginnen wir mit unserem Referate, ist durch Gottes Schöpferkraft ins Seyn gerufen worden. Wie weit wir dieses auch hinausschieben wollen, einmal muß diese Sichtbarkeit aus einem, dieselbe nach all ihren Theilen bedenkenden Verstand und Willen, aus einer Schöpfermacht hervorgegangen seyn, welche vor der Welt war, wie der unsichtbare Gedanke und Vorsatz der Menschen vor der sichtbaren That.

Die Schöpfung aber besteht und erhält sich nur durch eine ihr innewohnende, beständig über ihr waltende Kraft des Schöpfers, denn Gott ist nicht bloß der Schöpfer, sondern auch der Erhalter der Welt. Gott ist die ruhende Mitte alles Wesens der sichtbaren und unsichtbaren Welt; in Ihm und zu Ihm ist Alles, was gemacht ist.

Das Schaffende ist immer nur Eines und immer sich selber gleich; es ist der allgemeine Grund alles Seyns und Lebens; aus Seiner Kraft ward das besondere Seyn erzeugt. Aber eben in wie fern dieses ein besonderes, in wie fern es ein Seyn außer dem einigen Grund des Seyns ist, ist es zugleich ein Endliches, ein Begrenztes. Der Mangelhaftigkeit des besondern Seyns steht jedoch ohne Aufhören die Ergänzung durch die Kraft und Fülle des allgemeinen Seyns, aus und in welchem es besteht, gegenüber und zur Seite.

Durch alles sichtbare Wesen hindurch geht ein gemeinsames, alles Einzelne und Getrennte zu einem Ganzen zusammenfassendes Band, welches der Besonderheit es verleihet, ein Etwas für andere besondere Dinge, dem Einzelnen, ein Etwas in Beziehung auf ein Ganzes zu seyn, in welchem alle Einseitigkeiten gegenseitig sich ergänzen und erfüllen. Dieses Band demnach gibt den besonderen Dingen die Kraft des Zusammenbleibens und des leiblichen Bestehens; es ist die Kraft der Haltung, die von Gott ausgeht.

Die unorganische oder unbeseelte Natur hat nichts als die Haltung und ist nur um aller andern Höhern willen da; unter ihr ist kein Niederes, welches um ihretwillen da wäre. In der unorganischen Welt können die in ihr wirkenden Kräfte nichts anderes als die bereits in diesem bestimmten Maaße, in diesen bestimmten wechselseitigen Beziehungen vorhandenen Stoffe vereinen oder wieder trennen; aber kein unorganischer Körper vermag seines Gleichen wieder zu erzeugen.

Die organischen oder beseelten haben neben der Haltung auch noch eine eigenthümliche Seele, welcher eine selbstthätige Mitwirkung bei der Gestaltung der Leiblichkeit zukommt. Die unbeseelte Welt erlangt ihre Gestaltung lediglich von Außen durch die Einwirkung jenes allgemeinen Bandes, welches alle Einzelnen zu einem vollendeten Ganzen vereint; das in ihr liegende Prinzip der Verleiblichung verhält sich hierbei ganz passiv, während dasselbe bei den beseelten Wesen durch selbstständig innewohnende Kraft sein eignes Wirken mit dem Wirken jenes Bandes vereint und nicht blos sich selber, sein eignes Wesen, nach dem Einfluß von Außen gestalten läßt, sondern diesen nach sich gestaltet. Die organische Natur besitzt ferner die Kraft ihres Gleichen zu erzeugen und hat nicht blos ein Höheres über sich, sondern auch ein Niederes, das um ihretwillen und für sie da ist, unter sich.

Die Seele wird nicht aus den Elementen des Leibes erzeugt; sie selbst ist es, welche den irdischen Stoff gestaltet. Sie hat aber eine zweifache Wirksamkeit in den beiden Hauptregionen ihrer Leiblichkeit, in jener des vegetativen Bildens und in der des thierischen Empfindens und willkührlichen Bewegens. Wir können die erstere als Lebenskraft, die andere als Seele im engeren Sinne bezeichnen.

Die beseelten Wesen unserer Sichtbarkeit sind von dreifacher Natur: 1) solche, da die Seele der Gestaltung und Wiedererzeugung des Leibes dient, ohne denselben zu beherrschen: die Pflanzen, 2) solche, da die Seele des Leibes, nicht aber ihrer selbst mächtig ist: die Thiere, und 3) solche, da sich die Seele selber beherrscht und hiemit zugleich den Leib: der

Mensch. Die Macht, durch welche im Menschen die Seele sich selber beherrscht, ist der selbstbewußte Geist.

In der Pflanze waltet die Lebenskraft als Alleinherrscherin im Gebiete ihrer Leiblichkeit und ist in ihrem Wirken darauf beschränkt, daß sie aus den Elementen der unorganischen Natur den organischen Bildungsstoff bereitet, aus diesem den eignen Leib zu bereiten und daß sie ihr eignes Vermögen, zu einem besondern organischen Leibe zu werden, auf den Samen oder auf die einzelnen Sprossen übertragen kann. Zu diesem Werk ihres Lebens bedarf die Baumeisterin des Materials aus der unorganischen Natur, die ihr hiezu als ein Niedrigeres zur Verfügung gestellt ist. Das Wirken der Seele, welche in der Pflanze lebt, ist also nur für den Leib da, nicht aber das Wirken des Leibes für die Seele.

Im Thiere giebt sich die Seele nicht blos als vegetativ bildende Kraft, sondern überdieß als ein Vermögen der Empfindung und willkührlichen Bewegung zu erkennen. Während in der Pflanze die ganze schaffende Thätigkeit der Seele sich auf die Stoffbildung beschränkt und die Außenwelt für sie nur insoweit Bedeutung hat, als sie ihr das Material derselben gewährt, besitzt dagegen das Thier noch eine andere Art der Thätigkeit, insbesondere vermittelt durch die Organe der Sinne, durch welche ihm die äußere Natur nicht blos ein Etwas für den Leib, sondern als Gegenstand des Empfindens ein Etwas für die Seele wird. Wenn daher die Seele, die in der Pflanze lebt, den Leib nur an die Einflüsse der äußern Natur dahin giebt, ohne das Gegebene wieder zurück zu empfangen, so wird dagegen der Seele, die im Thiere waltet, der Leib mit seinen Wechselbeziehungen zur Außenwelt als Gegenstand des Empfindens wieder zurückgegeben. Hiermit wird derselbe ein Eigenthum der Seele, mit welchem diese selbstthätig bewegend waltet.

Aber nicht der Leib ist es, welcher an und für sich empfindet, sondern die Seele, welche durch den Leib das Geschäft des Empfindens übt; wie denn auch das, was empfunden wird, an sich selber kein leibliches, sondern ein seelenartiges Element ist.

Erst im Menschen erlangt die Seele die Macht, sich selber zu beherrschen und zwar vermöge des ihr inwohnenden selbstbewußten Geistes. Nur im Menschen ist jene Wirklichkeit des Seyns, welche sich auf ein Theilhaben am göttlichen Seyn gründet; darum ist auch blos in ihm ein wahrhaftes Selbstbewußtseyn; im Thier ist zunächst nur ein beziehungsweises Seyn für und zu allen andern Kreaturen; ein Theilhaben an dem Seyn der äußern Sichtbarkeit. Wenn etwa im gezähmten Thiere ein Schein des Selbstbewußtseyns aufdämmert, so ist dieser nur ein fremdes Licht, das vom Menschen ausgeht, ein Widerschein vom Selbstbewußtseyn des Menschen. Alles, was die Seele des letzteren vor der des Thieres voraus hat, verdankt sie dem Geiste; durch diesen ist sie aber auch ganz das, was sie ist: selbstbewußte Seele des Menschen.

Das Thier ist blindlings dem Walten eines alldenkenden Geistes hingegeben, ohne daß ihm das Vermögen gegeben ist, jenen bewegenden Geist zu erkennen. Der Mensch aber hat inwohnend in sich eine Kraft, welche selber von der Natur des allbedenkenden Geistes ist, welche daher diesen erfaßt und erkennt. Mit der Fähigkeit zum Erkennen alles Anfanges alles Lebens und Wirkens hat er aber zugleich die Kraft des selbstständig geistigen Wirkens oder den freien Willen.

Mit dem Vermögen des Wahrnehmens und des Erkennens der Werke und Thaten des Schöpfers ist der Menschenseele zugleich die Macht verliehen, diese Werke in dem Kreise ihrer innern Wirksamkeit nachzuschaffen, jene Thaten nach ihrem Maaße mitzuthun. In der Welt unserer Erinnerungen und Erkenntnisse spiegelt sich die uns umgebende Außenwelt ab; aber es geschieht in ihr noch mehr durch Hülfe der Sprache. In Schrift und Wort vernehmen wir die Kunde von dem Leben und den Thaten der ältesten Väter unseres Geschlechtes; sie haftet so fest, als sei es erst heute oder gestern vor unsern Augen geschehen. Und nicht nur das menschlich Irdische, nicht nur das in seiner Leiblichkeit Vergängliche bildet den Bestand der innern geistigen Schöpfung unserer Vorstellungen und Gedanken; diese Schöpfung umfaßt noch ein ganz anderes, unendlich höheres Reich des Seyns und Wissens: es umfaßt die Erkenntniß des Schöpfers und seiner Thaten der Ewigkeit selber. In dem Vermögen unseres Geistes, diese Gedanken der Ewigkeit zu denken, Gott nach dem Maaße unseres kreatürlichen Verständnisses zu erkennen, liegt die sicherste gewisseste Bürgschaft für eine Fortdauer unseres Wesens auch nach dem Tode des Leibes: für ein ewiges Fortleben des Geistes. Denn nur das nach seinem Maaße Gleichartige vermag das Gleichartige zu erkennen; wäre in unsern Sehnerven nicht selbst eine Art von Quell des Lichtes, dann könnten wir kein Licht sehen; wäre unser denkender Geist nicht selbst von ewiger göttlicher Natur, dann würde er nichts von Gott und Ewigkeit wissen und erfassen.

So steht denn der Mensch als eine besondere, ganz eigenthümliche Macht allen Reichen der sichtbaren irdischen Natur gegenüber, denn er ist seinem eigentlichen Wesen nach noch viel verschiedener vom Thier, als dieses von der Pflanze oder die Pflanze vom Mineral; er verhält sich zu allen diesen vergänglichen Geschöpfen in der Sichtbarkeit wie die Ewigkeit zur Zeit.

Nicht der Seele, welche der Mensch mit dem Thiere gemein hat, kommt die Hoffnung einer persönlichen Fortdauer nach dem Tode zu, sondern nur dem Geiste, welcher in Gott war, ehe er im Verein mit der Seele durch das Werk der Verleiblichung die Persönlichkeit empfing, und welcher, wenn der Verlauf des Lebens ein geistig gesunder war, in dieser seiner unvergänglichen Persönlichkeit zu einem Leben mit Gott und bei Gott sich erheben wird. Von der thierisch menschlichen Seele aber kann ausgesagt werden, daß sie ihren Anfang genommen habe und daß sie ihr Ende nehmen werde in der Zeit, indem sie, überkleidet und durchdrungen von dem Wesen des Gott erkennenden Geistes aufhört das zu seyn, was sie nur in thierischer Art war.

Die vorstehenden Sätze mögen genügen, um aus ihnen die Grundanschauungen, welche Schubert auf dem psychologischen Gebiete geleitet haben, zu entnehmen. Sie sind freilich von ganz anderer Art als die, welche der moderne Sensualismus und Materialismus aufgestellt hat und von denen überdieß mit großer Zuversichtlichkeit versichert wird, daß sie allein und ausschließlich es seien, welchen in der neueren Wissenschaft Berechtigung zuerkannt werden dürfe. Wäre dieß wirklich der Fall, so würden allerdings Schubert's bedeutendste Leistungen auf dem wissenschaftlichen Gebiete geradezu als verfehlte zu erachten seyn, und ich würde daher am heutigen festlichen Tage keine Berechtigung haben, derselben in ehrender Anerkennung zu gedenken. Wollen wir deshalb vor Allem zusehen, ob denn Ansichten, wie sie Schubert ausgesprochen, vor dem Richterstuhle der Wissenschaft bereits verurtheilt sind und ob die gegentheiligen die ausschließliche Anerkennung der Stimmberechtigten in der That erlangt haben.

Nach der Lehre des Materialismus ist bekanntlich nur das Objekt der Sinne oder das Sinnliche, die Materie, wahrhaft wirklich, daher sind ihr zu Folge Wahrheit, Wirklichkeit und Sinnlichkeit identische Begriffe. Die Materie ist die alleinige wirkende Ursache in der Welt und die Seelenthätigkeiten sind nichts weiter als Funktionen des Organismus. Was gewöhnlich Seele genannt wird, ist nur ein Complex von Fähigkeiten und Kräften, welche ein bestimmter Organismus an den Tag legt. Die Gedanken, wie die Einen unumwunden sagen, stehen in demselben Verhältniß zum Gehirn, wie die Galle zu der Leber und der Urin zu den Nieren; wie letztere unabhängig von unserem Willen absondern, so ist dieß auch der Fall mit den Gedanken als den Sekretionen des Gehirns. Andere, denen eine solche Vergleichung doch zu roh vorkommt, erklären die Gedanken als Produkte der Bewegung der Stoffumsetzung des Gehirns, was in der Sache wesentlich nichts ändert. Eine selbstständige Seele oder Geist existirt also nicht, woraus dann weiter folgt, daß es auch keinen Gott giebt. Da aber die Materie unter dem Gesetze der Naturnothwendigkeit steht, so giebt es auch keinen freien Willen und mithin eben so wenig eine moralische Verantwortlichkeit und Zurechnungsfähigkeit. Und weil es keine Seele giebt, fällt für den Menschen ohnedieß das Prädikat der Unsterblichkeit hinweg.

Man sollte meinen, daß eine solche Lehre schon wegen ihrer trostlosen Armseligkeit mit Indignation hätte abgewiesen werden sollen, wenn nicht eine in die materiellen Interessen tief versunkene Zeitrichtung ihrer Annahme förderlich entgegen gekommen wäre. Indeß die Versündigung an der Religion und an der Idee der Wissenschaft war denn doch zu groß, als daß die neue Lehre, trotz der übergroßen Anzahl ihrer Anhänger, nicht den entschiedensten Widerspruch von Seite Derjenigen, die sich die höchsten geistigen Güter der Menschheit nicht leichtsinnig entreißen lassen wollten, erfahren hätte. Es kann an diesem Orte nicht meine Aufgabe seyn, in diesen Streit näher einzugehen, um zu zeigen, mit welch grundlosen Voraussetzungen, dreistem Absprechen, innern Widersprüchen und logischen Fehlschlüssen der Materialismus sich den Schein einer wissenschaftlichen Berechtigung erschlichen hat. Dieser Nachweis ist bereits von Andern vollständig beigebracht worden und ich habe hier nichts weiter nöthig als dessen Resultate auszusprechen. Rudolph Wagner, Karl Phil. Fischer, Frohschammer, Tittmann, Fabri, Lotze, Schaller, Imm. Herm. Fichte und viele Andere, also Männer von den verschiedensten Standpunkten, sind in vollkommener Uebereinstimmung hinsichtlich der Verwerfung des Materialismus als einer unwissenschaftlichen Monstrosität, als eines „Gemenges abentheuerlicher Hypothesen," als eines Frevels an dem religiösen Bewußtseyn aller Völker und aller Zeiten.¹) Auch in unserem akademischen Kreise ist schon

---

1) Wenn Fichte insbesondere die Schrift von Schaller als ein Muster wissenschaftlicher Polemik rühmt, so stimmen wir ihm gerne bei, ohne daß damit im Mindesten den großen Verdiensten der andern Arbeiten zu nahe getreten werden soll; müssen wir ja Fichte's Werk selbst als einen der bedeutendsten Beiträge zur Widerlegung des Materialismus bezeichnen. Eben so stimmen wir ihm vollständig bei, wenn er den wahren Erfolg des Schaller'schen Werkes darin findet: „daß nach dem Rechte der Wissenschaft kein Sensualist eher den Mund aufthun dürfe, um im alten Texte weiter zu reden, als bis er die Schaller'schen Gründe widerlegt habe; welche Bedingung, da er sie wohl unerfüllt lassen wird, ihn als einen gründlich Uebertführten fortan zu ewigem Stillschweigen verurtheilen würde." Nun, eine solche Widerlegung ist freilich bisher nicht erschienen, aus einem sehr begreiflichen Grunde; gleichwohl gibt es unter den Naturforschern, zumal unter der jüngeren Generation der Physiologen, noch immer Stimmführer, die in glück-

in zwei Festsitzungen durch die hochgeehrten Collegen Friedrich v. Thiersch und Emil Harleß die Gelegenheit ergriffen worden, um im Namen der Wissenschaft einen entschiednen Protest gegen die Doktrinen des Materialismus einzulegen.[1])

Von dieser Seite her haben also Schubert's Ansichten über das psychologische Gebiet nichts zu besorgen; im Gegentheil müssen wir ihnen die größte Bedeutsamkeit beilegen und finden diese gerade darin, daß sie, im vollsten Widerspruch mit dem Materialismus, den Nachweis bringen, daß das Geistige nicht aus dem Leiblichen hervorgeht, sondern daß umgekehrt die Leiblichkeit auf einem höheren geistigen Grunde beruht. Wir können nicht umhin mit K. Ph. Fischer es als die äußerste Barbarei zu erklären, das Denken durch sinnliche Eindrücke nicht nur vermittelt, sondern erzeugt werden zu lassen. Und im ähnlichen Sinne hat sich einer der bedeutendsten neueren Physiologen Burdach[2]) schon zu einer Zeit ausgesprochen, bevor noch der Materialismus in rechten Schwung kam. „Wir erstarren," sagt derselbe „beim Gedanken, daß mit den sinnlichen Erscheinungen das Daseyn erschöpft sei, daß die Materie allein existire und daß, was in unserm Innern sich regt, sowie das, was in der Welt sich uns darstellt, nur aus einem blinden, ungefähren Zusammentreffen der Stoffe hervorgehe." Wir schließen uns auch noch einem Ausspruch von Barter an, der dahin lautet, daß es zwar viele Gläubige gebe, daß aber, wer glaube, es resultire Alles aus der Materie, hundertmal gläubiger sei als der größte Gläubige, der jemals existirt habe.

---

licher Unbekanntschaft mit der ihnen feindlich gegenüber stehenden Literatur, mitunter wohl auch in geflissentlicher Ignorirung derselben, noch immer getrost „im alten Texte" fortreden, als ob gar nichts dazwischen getreten wäre.

1) Ueber die Grenzscheide der Wissenschaften. Festrede am 28. November 1855, gehalten von Fr. v. Thiersch. — Grenzen und Grenzgebiete der physiolog. Forschung. Festrede am 28. November 1860, gehalten von E. Harleß.

2) Anthropologie 1837 S. 230.

Nachdem der Standpunkt, den Schubert auf dem Gebiete der Psychologie eingenommen, durch Berufung auf gewichtige Stimmen gerechtfertigt worden ist, bleibt uns übrig, noch eine andere Parthie derselben, zu deren genaueren Erforschung er den mächtigsten Impuls gab, in Erörterung zu ziehen. Dieß ist das Nachtgebiet des Seelenlebens, wie er es zuerst in seinem Buche: „die Nachtseite der Naturwissenschaften," dann in seiner „Symbolik des Traumes," in seiner „Geschichte der Seele" und gelegentlich auch in einigen andern seiner Schriften beleuchtete, und wodurch er sich zunächst den Namen eines Mystikers und Schwärmers zugezogen hat. Unter dem Nachtgebiete sind aber alle jene eigenthümlichen Erscheinungen des Seelenlebens zu verstehen, welche bei gänzlich eingestellter Thätigkeit der äußern Sinne vor sich gehen, wie uns solches der Traum, das Nachtwandeln, der Somnambulismus, das Hellsehen und die Ekstase zu erkennen giebt. Im Schlafwandeln theilt bekanntlich die Seele ihrem Leibe ein ungewöhnliches Vermögen des Empfindens und Bewegens mit. In den gewöhnlichen Träumen zeigt zwar die Seele, wenn sie der Bewirkung ihres äußern Leibes enthoben ist, nur ein fantastisches Spielen mit Bildern und Vorstellungen, aber es giebt auch einen höheren, wenngleich weit seltneren Grad des Traumes, in welchem wie im Somnambulismus und den ekstatischen Zuständen die Geisteskraft einen ungewöhnlichen Aufschwung erlangt, so daß sie theils eine gesteigerte Erkenntniß und Befähigung, theils ein eröffnetes Gesicht für das Ferne und Künftige gewinnt. Da im wachen Zustande bei wiedereröffneter Thätigkeit der äußern Sinne keine Erinnerung aus dem Nachtgebiete zurückbleibt, wohl aber bei neuem Verfallen in dasselbe wiederkehrt, so hat man diese eigenthümlichen psychischen Erscheinungen auch als das „Doppelleben des Geistes" bezeichnet.

Freilich stehen solche Phänomene des Seelenlebens mit den Ansichten des Materialismus, dem die Seelenthätigkeiten insgesammt nur Folge der Sinnesoperationen sind, im vollsten Widerspruch, sie sind auch rationalistischen Ansichten, denen vor Allem grauet, was über den gewöhnlichen Kreis der Erscheinungen hinausgeht, nicht zusagend, und werden daher ohne Weiteres als Trug abgewiesen. Es ist auch gar nicht zu läugnen, daß in dieser Region geflissentlicher Betrug, Selbsttäuschung und Leichtgläubigkeit einen weiten Spielraum gefunden hat; aber abgesehen von Allem, was sich als falsch oder als nicht hinreichend erprobt in den Angaben ausgewiesen hat, sind genug sattsam constatirte Thatsachen vorhanden, welche die Realität dieser Erscheinungen des Nachtgebietes außer allen Zweifel setzen.[1]) Vor Thatsachen aber muß der Naturforscher sich beugen, sie mögen seinen Ansichten zusagen oder nicht; sie wollen zuerst anerkannt, dann wo möglich erkannt seyn. So haben z. B. die Physiker über die Wirklichkeit eines Steinregens, von dem seit alter Zeit oft berichtet worden ist, bis zu Anfang dieses Jahrhunderts als ein Mährchen gespottet und es mögen allerdings genug falsche Angaben sich miteingeschlichen haben. Seitdem aber in Folge unbestreitbarer Beobachtungen die Wirklichkeit desselben nicht mehr bezweifelt werden konnte, haben sich die Physiker genöthigt gesehen, auch den verspotteten Steinregen in den Kreis der Naturerscheinungen mit aufzunehmen, obgleich man über Ursprung und Herkunft der Meteorsteine bis zur Stunde keinen Aufschluß zu ertheilen vermag.

Die Erscheinungen auf dem sogenannten Nachtgebiete des Seelenlebens sind demnach constatirte Realitäten und damit ein Gegenstand der wissenschaftlichen Forschung geworden, der sie sich jetzt nicht mehr als fremdartige, unvermittelte Phänomene gegenüberstellen, sondern deren Hervorbrechen aus dem tiefsten Seelengrunde sie sich auch zum Verständnisse bringen kann. Schubert aber kommt das große Verdienst zu, daß er diese Erscheinungen

---

1) Man wird bei unpartheiischer Prüfung, wenn man auch noch so zweifelhaft ist, doch zu keinem andern Resultate gelangen, als Purkinje, einer der Coryphäen der neueren Physiologie, ausgesprochen hat. „Wenn wir auch für unsere Person", sagt derselbe im Handwörterb. f. Physiolog. III. 2. S. 465, „nur eine sehr geringe Ueberzeugung der Wahrheit der Wunder des animalischen Magnetismus hegen, so sind wir doch weit davon entfernt, die Sache selbst, die durch unzählige glaubwürdige Zeugnisse nach ihren Hauptmomenten bestätigt wird, mit vornehmer Kritik als unhaltbar beseitigen zu wollen."

frühzeitig gehörig gewürdigt und auf ihren rechten Grund zurückgeführt hat. In neuerer Zeit hat insbesondere Fichte auf diesem Gebiete tiefgreifende Forschungen angestellt und dadurch Resultate von größter Tragweite für die Psychologie gewonnen [1]). Diejenigen Physiologen aber, die sich widerwillig von diesen Erscheinungen abwenden, möchte ich doch auf ihren großen Vorgänger Burdach hinweisen, der dieselben nicht blos in ihrer Wirklichkeit anerkannt, sondern auch in ihrem zunächst liegenden ursächlichen Grunde richtig erfaßt hat; es ist aber noch Niemand eingefallen, diesem besonnenen Forscher den Vorwurf des Mysticismus oder der Schwärmerei zu machen. Mit dem beliebten Verspotten oder Ignoriren geht es also in Zukunft auf diesem Gebiete nicht mehr, wenigstens nicht bei denjenigen Naturforschern und Psychologen, die sich auf den thatsächlichen Standpunkt stellen wollen und nicht vermeinen, daß ihre individuellen Abneigungen maaßgebend für die Wissenschaft selbst sind.

Schubert's erstes literarisches Auftreten fällt in die Zeit, wo der thierische Magnetismus das allgemeinste Interesse erregt hatte. Er hatte damals selbst Gelegenheit, Somnambulen zu beobachten und wandte in seiner ärztlichen Praxis den Magnetismus als Heilmittel an. Wenn er auch, wie viele Andere, anfänglich den Erscheinungen desselben eine höhere Bedeutung beilegte als ihnen gebührt, so muß man nur die Zeit bedenken, in welcher die Entdeckung des animalischen Magnetismus und eine genauere Beachtung aller mit ihm verwandten Erscheinungen erfolgte. Mit Ablauf des vorigen Jahrhunderts, so drückt sich Schubert[2]) selbst hierüber aus, hatte „ein frecher Sinn der Empörung gegen jedes, in einer höheren

---

[1]) Ich muß hiebei auf einen sehr interessanten Aufsatz meines hochgeehrten Collegen Herrn Dr. Becker's verweisen: „über die Bedeutung des geistigen Doppellebens für die Wissenschaft der Anthropologie mit Rücksicht auf die neuesten hierauf bezüglichen Untersuchungen von J. H. Fichte" (Sitzungsberichte der k. bayerischen Akademie der Wissenschaften. 1860 S. 255 u. f.)

[2]) Gesch. d. Seele II S. 35

Ordnung feſt Begründete der Seele alles genommen, was ihr theuer und werth, ja das eigentlich Ihre war: den Glauben an einen Gott und an ſeine der Menſchen ſich erbarmende Vorſorge, ja an das ſelbſtſtändige Daſeyn und Fortbeſtehen des Geiſtes im Menſchen." Man vergeſſe nicht, daß es eben in dieſer Zeit war, wo die franzöſiſche Republik die Exiſtenz Gottes feierlich abgeläugnet hatte und als ſie ſpäter, erſchrocken über den ungeheuern Gräuel, dieſelbe doch wieder anerkannte, war es nicht der Gott der Offenbarung, ſondern ein weſenloſes Gedankenphantom, das ſie an deſſen Stelle ſetzte. „Da wurde der Seele im Schlafe das wiedergegeben, was man ihr im Wachen genommen;" im Somnambulismus gab ſich in ganz unerwarteter Weiſe eine von den Einflüſſen der äuſſern Sinne unabhängige Selbſtthätigkeit der Seele fund, die ſogar über das normale Maaß des wachen Zuſtandes hinausging und ſelbſt hoffen ließ, für eine höhere geiſtige und religiöſe Erkenntniß neue Anhaltspunkte zu gewinnen. So war es freilich nicht zu verwundern, daß Alle, die ſich von den materialiſtiſchen und atheiſtiſchen Anſichten ihrer Zeit mit Entſetzen abwandten, nicht blos mit lebhafteſtem Intereſſe ihre Blicke auf das neugewonnene Gebiet von der Nachtſeite des Seelenlebens richteten, ſondern auch zum Theil in Ueberſchätzung deſſelben verfielen.

Indeß die Illuſionen, die man ſich anfänglich gemacht und die auch Schubert getheilt hatte, mußten allmälig vor einer ſtrengeren Kritik dieſer Erſcheinungen ſchwinden, und ſomit kam auch er ſpäterhin auf das rechte Maaß in der Würdigung derſelben zurück. Man muß ſich, ſagte er ſchon vor geraumer Zeit,[1] „vor Allem hüten, ſolche vorübergehende Glanzzuſtände des Seelenlebens nicht zu hoch zu ſtellen; ſie verhalten ſich dennoch zu den eigentlich ſelbſtſtändigen, ihnen ähnlich erſcheinenden Lebensbewegungen des Geiſtes nur wie der Inſtinkt des Thieres zum ſelbſtbewußten Erkennen des Menſchen." Mit dieſer Erklärung ſind die früheren Illuſionen,

---

1) Lehrb. d. Menſchen- und Seelenkunde S. 110.

die man sich von diesen Erscheinungen machte, vollständig beseitigt und ist ihnen ihr rechter Werth, der allerdings, auch nach der vorgenommenen Beschränkung ihres Gebietes, noch immer von großer Bedeutung ist zugewiesen.

Bis zu der im Vorstehenden gezogenen Grenze haben die Erscheinungen auf dem Nachtgebiete des Seelenlebens einen sichern Grund in der Beobachtung und sind daher, wie gesagt, Gegenstand der wissenschaftlichen Forschung. Etwas ganz Anderes ist es dagegen mit einer andern Sphäre dieses Gebietes, welche das Reich der abgeschiedenen Seelen umfaßt und wobei es sich zunächst um die Frage über die Möglichkeit eines Verkehrs der abgeschiedenen Seelen mit den Lebenden handelt. Mit dieser Frage tritt aber die Forschung über das Gebiet des Diesseits hinaus und muß sich hinüber wagen in das des Jenseits, wo ihr die gewöhnlichen Beobachtungsmittel, über die sie auf dem Naturgebiete verfügen kann, entschwinden und daher jeder Schritt mit der größten Vorsicht gethan seyn will, um nicht in arge Selbsttäuschungen zu verfallen. Wir müssen aber gleichwohl einen Blick auf dieses Gebiet richten; da Schubert in mehreren seiner Schriften demselben seine Aufmerksamkeit zugewendet hat.

Freilich wird das Betreten einer solchen Region von Vielen mit noch größerer Entschiedenheit als die vorhin besprochene gleich von vornherein ohne weitere Prüfung als purer Aberglaube abgewiesen. Indeß ist doch ein solch wegwerfendes Absprechen keineswegs die allgemeine Stimme. Um nur eine, und zwar vollkommen stimmberechtigte Autorität anzuführen, so erklärt J. H. Fichte [1]) im Gegentheil, daß es durchaus keinen objektiven Grund gebe, Geistererscheinungen als an sich unmöglich zu erklären und in das bekannte kritiklose Geschrei über Wahn, Aberglauben, Selbstbetrug einzustimmen, mit welchem der gemeine Hause der Aufgeklärten jene Berichte aufnehme. Ja er meint vielmehr, daß gerade jetzt, wo der bisherige,

---

1) a. a. O, S. 357.

durch nichts begründete Unglaube der Aufgeklärten an eine Geisterwelt ins eigne Widerspiel sich verwandelt habe und ein Theil der Gebildeten dem abentheuerlichsten und geistlosesten Geisterglauben sich zuwenden zu wollen scheine; nichts zeitgemäßer wäre als denselben zum Gegenstande objektiver naturwissenschaftlicher Untersuchungen zu machen, oder wie sich Fr. Fischer sehr gut ausdrücke: „den keineswegs abgeurtheilten Proceß des Geisterglaubens wieder aufzunehmen." Und in bestimmtester Weise fügt dann Fichte folgende Erklärung bei. „Das unbefangene Urtheil muß sich dahin aussprechen, daß — eine Fortdauer der Seelen überhaupt vorausgesetzt — nichts natürlicher erscheine als die Möglichkeit fortdauernder Gemeinschaft zwischen den sinnlich Lebenden und den Abgeschiedenen, die ja Einem Geistergeschlechte und tiefer erwogen auch einer und derselben Welt angehören."

Was hier vom wissenschaftlichen Standpunkte aus zugestanden wird, ist der von allen Völkern und allen Zeitaltern gemeinsam erfaßte Glaube an die persönliche Fortdauer der Seele, der schon wegen seiner Allgemeinheit und Andauer als ein unabweisbares Postulat des seiner eigensten Wesenhaftigkeit sich bewußten Menschengeistes erscheint und der seine vollste Bestätigung im Worte der Offenbarung erlangt hat. Wenn also der Glaube an eine persönliche Fortdauer und damit an einen Zusammenhang der diesseitigen Welt mit der jenseitigen auf einem unerschütterlichen Fundamente beruht, so ist gleichwohl damit die Frage, ob ein gegenseitiger Verkehr zwischen diesen beiden Welten stattfinde, noch keineswegs erledigt. Denn es sind eben doch zwei verschiedenartige Zustände, in welchen die ihres Leibes entledigten Seelen des Jenseits gegenüber den mit demselben bekleideten des Diesseits sich befinden, und somit bleibt immer noch vor Allem die Frage zu beantworten, ob die Menschenseele nach dem Tode Macht habe, sich den Lebenden kund zu geben. Indeß dem Versuche, diese Frage zu einer sichern Entscheidung zu bringen, stehen unübersteigliche Schwierigkeiten entgegen. Man kann sich bei ruhiger Prüfung eben doch nicht verhehlen, daß die zum Belege angeführten Erfahrungen bezüglich der Wirklichkeit eines derartigen Verkehres nicht von solcher Evidenz sind, daß sie jeden Zweifel über die Verwechslung subjektiver Wahrnehmungen mit objektiven auszuschließen vermöchten, und das Wort der Offenbarung, aus welchem uns hierüber die sicherste Auskunft zu Theil werden könnte, hat es nicht für gut befunden, uns gerade über den hier in Rede stehenden Punkt solche Aufschlüsse zu geben, wie sie zu einer definitiven Bescheidung desselben nothwendig sind. Bei solchem Sachverhalte wird es daher rathsam seyn, nicht vorwitzig in eine Sphäre eindringen zu wollen, für welche zur Zeit unsere Mittel des Erkennens nicht ausreichen, sondern in Geduld zuzuwarten auf den Tag der Zukunft, der uns auch dieses Geheimniß enthüllen wird.

Was Schubert's Meinung von dem Verkehre des Geisterreiches mit den Lebenden anbelangt, so muß man bei ihm scharf zwischen den Ansichten seiner früheren Jahre und denen seiner späteren Lebensperiode unterscheiden. Wie schon vorhin bei Besprechung des sogenannten Nachtgebietes des Seelenlebens gleich im Eingange erwähnt wurde, hat er anfänglich überhaupt den Werth dieser Erscheinungen und die Zuverlässigkeit der Beobachtungen, auf denen sie begründet sind, überschätzt, und so kam es, daß er nicht abgeneigt war, einen unmittelbaren Verkehr zwischen den Lebenden der diesseitigen und den Abgeschiedenen der jenseitigen Welt anzuerkennen. Zur Gewinnung einer solchen Ansicht hatte überdieß das gleichförmige Urtheil solcher Männer, die von ihm ihrer christlichen Tendenzen wegen hochverehrt wurden, einen mächtigen Einfluß auf ihn ausgeübt.[1]) In seinen spätern Lebens-

---

1) Nur aus letzterem Grunde ist es erklärlich, wie Schubert dazu kommen konnte in der dritten Auflage seiner Symbolik des Traumes die „Berichte eines Geisterseher's über den Zustand der Seelen nach dem Tode" ohne Beifügung irgend einer Verwahrung, sei es auch nur hinsichtlich der Vergewisserung über die objektive Realität solcher Visionen, aufzunehmen. Der Geisterseher, der Pfarrer Oberlin im Steinthale, war freilich eine höchst bedeutende Persönlichkeit und ist durch die großen Erfolge, welche er um die Rettung seiner im tiefsten sittlichen Elende und in bitterster Armuth versunkenen Gemeinde und um ihre Emporbringung zum blühendsten Zustande erlangte, weltbekannt geworden. Ein Mann von gewaltiger Energie, klarstem Verstande und höchst praktischem Sinne und doch da-

Jahren kam er jedoch durch strengere Prüfung der Beobachtungen und engeres Anschließen an die Aussprüche der heiligen Schrift immer mehr von der Werthschätzung dieser Erscheinungen zurück, und es finden sich hierüber in seinen spätern Schriften sehr bestimmte Erklärungen, die als maaßgebend betrachtet werden müssen. Es genügt hier, eine der bedeutendsten derselben in seiner Selbstbiographie (I. S. 170) zur Vorlage zu bringen. Nachdem er nämlich in derselben freimüthig bekennt, daß er an eine fortwährende Theilnahme der aus dem Leben geschiedenen seligen Geister an den Schicksalen Derer glaube, die schon auf Erden durch denselben Zug der Hoffnung und Liebe vereint sind, setzt er Folgendes hinzu. „Sichtbar vor dem fleischlichen Auge, im gewöhnlichen wachen Zustande, sind mir niemals solche Besuche gekommen, und ich wünsche sie weder mir noch Anderen. Die Welt des Jenseits, auch die selige, soll für uns Erdenpilger in dem Dunkel bleiben, darin es selbst dem Herrn gefällt zu wohnen. Was uns aber das Nahen der Boten aus einer andern Welt selbst im nächtlichen Dunkel des Traumes oder in anderer Weise warnend, aufmunternd und tröstend zuflüstern könnte, das wollen wir nur dann hören und beachten, wenn es dasselbe ist, was der Mund der Wahrheit durch Mosen und durch die Propheten zu uns sprach." — Hiemit hat Schubert auf diesem Gebiete die Grenzlinie gezogen, über welche hinaus uns die Sicherheit des Erkennens verläßt.[1]

---

bei ein Geisterseher, was ihn aber für das gewöhnliche Leben nicht aus seiner besonnenen Stimmung herausbrachte; ein solcher Mann, den Schubert persönlich kennen gelernt hatte und der bei ihm in höchster Achtung stand, war ganz geeignet, ihm unbedingtes Vertrauen einzuflößen. Später kamen Schubert freilich Bedenken über die Veröffentlichung dieser Visionen, die zwar für die Psychologie im Allgemeinen als insbesondere für die Charakteristik Oberlin's sehr interessant, keineswegs jedoch für die Objektivität solcher Erscheinungen beweiskräftig sind, wohl aber, wenn sie ohne gehörige Vorsicht ins große Publikum gebracht werden, leicht Anstoß geben können. Schubert hat eben deshalb gegen einen, ihm sehr nahe stehenden Freund die bestimmte Erklärung abgegeben, daß er diese Visionen nicht nochmals abdrucken lassen würde.

1) In ähnlicher Weise äußerte sich Schubert schon viel früher in seinem Lehrb. der

Noch weit entschiedener sprach sich aber Schubert aus, als der Spuck mit den sogenannten Klopfgeistern los ging, wo gleichzeitig neben dem immer frecher auftretenden Unglauben der gräßlichste und abgeschmackteste Aberglaube an gespenstische Visionen, sowie an Kundmachungen wahrsagender Geister in den weitesten Kreisen und insbesondere unter den sogenannten gebildeten Ständen sich ausbreitete. In seinem Schriftchen: „die Zaubereisünden in ihrer alten und neuen Form" (1854) erhob er in gerechter Entrüstung laut seine Stimme, um vor dem Truge solcher frevelhaften Gaukeleien, hinter denen, soweit ihnen überhaupt Realität zuzusprechen wäre, nur der Geist des Abgrundes und der Lüge sein verderbliches Spiel treibe, nachdrücklichst zu warnen. Und als nun vollends gar eine Schrift dieses Schlages ihm dedicirt wurde, sagte er sich von ihrer Zueignung wie von ihrem Inhalte im vollsten Unwillen los, indem er erklärte, daß er letzteren nur „mit Befremden und Abscheu" betrachten könne.[1]) Die Entschiedenheit, mit welcher damals Schubert gegen ein derartiges Treiben auftrat, hat viele schwache und zweifelhafte Seelen vor argen Verirrungen bewahrt.

Nachdem wir hiemit eine Uebersicht über Schubert's wissenschaftliche

---

Menschen- und Seelenkunde (2te Auflage 1842 S. 190): „Was das Schicksal der Seele nach dem Abscheiden aus dem Leibe weiter sei, darüber giebt uns nur der Glaube und das Wort der Offenbarung, nicht die Wissenschaft Bericht. Das irdische Auge soll nicht weiter in diese, Schwindel und Trugbilder des Schwindels erregende, Kluft hinabzublicken streben, damit es nicht von eitlem Blendwerk der innern Sinne übertäubt werde. Sie haben Mosen und die Propheten, lasset sie diese hören, nicht das unverständliche Gemurmel aus den Gräbern. Sie haben das Licht der Offenbarung, damit sie in diesem wandeln als am Tage und auf dieses sehen, nicht auf das in Sumpf und Gruben verlockende Flimmern der Irrlichter." — Zu vergleichen ist auch Nr. 38 von den Parabeln und die Geschichte der Seele II S. 459; am nachdrücklichsten hat er sich aber in dem gleich weiter zu erwähnenden Schriftchen „die Zaubereisünden" ausgesprochen.
1) Beilage zu Nr. 251 der Augsb. allgem. Zeitung S. 4095.

erhalten, sowohl aus dem Bereiche der Naturwissenschaften als der Psychologie, gegeben haben, bleibt noch eine große Anzahl von ihm verfaßter Schriften über, die mehr allgemeiner und populärer, insbesondere auch religiöser Art sind und die, als nicht zunächst in die Beurtheilung eines akademischen Kreises fallend, einem andern Orte zur ausführlichen Besprechung vorbehalten bleiben müssen. Sie sind jedoch auch hier, wenngleich nur in Kürze, in Erwähnung zu bringen, weil sie zur Vervollständigung der Charakteristik von Schubert's literarischer Thätigkeit gehören, überdieß in den weitesten Kreisen einen tief nachhaltigen Einfluß ausgeübt haben.

Zuvörderst sind von diesen Schriften allgemeinen Inhalts diejenigen anzuführen, die persönliche Erlebnisse von ihm selbst betreffen. In diese Kategorie gehören die drei größeren von ihm ausgeführten Reisen, von denen er Beschreibungen gab und seine Selbstbiographie.

Die erste seiner Reisebeschreibungen ist das „Wanderbüchlein eines reisenden Gelehrten nach Salzburg, Tirol und die Lombardei." 1823 (2. Aufl. mit der Reise über das Wormser Joch nach Venedig 1834; 3. Aufl. 1848); ein Büchlein, das außer seinen blühenden Naturschilderungen mit einem köstlichen Humor gewürzt ist und seinem Verfasser viele Freunde erworben hat. Dann folgte seine „Reise durch das südliche Frankreich und Italien," 2. Bde. 1827 und 1831 (2. Aufl. 1852), und den Schluß macht die „Reise in das Morgenland," 3 Bde. 1838 bis 1839 (2. Aufl. 1840), deren Bedeutsamkeit schon vorhin hervorgehoben worden ist.

Seine Selbstbiographie ist eine seiner letzten und zugleich werthvollsten Arbeiten; sie führt den Titel: „der Erwerb aus einem vergangenen und die Erwartungen aus einem zukünftigen Leben." 3 Bde. 1854 – 1856. Im hohen Greisenalter, aber mit jugendlicher Frische schildert Schubert in diesem Buche seinen Lebensgang und prüft ihn mit lauterster Aufrichtigkeit und Demuth im Lichte des göttlichen Wortes; sich selbst nicht schonend, wo er Gebrechen und Mängel an sich entdeckt, aber doch getrost und freudig im Glauben und kindlich dankbar für alle Gnadengaben, die ihm Gottes Güte in einem langen Leben im reichen Maaße zu Theil werden ließ. Auch an seinen eignen Schriften übt er eine strenge Selbstkritik, so daß man mitunter genöthigt ist, ihn gegen sich selbst in Schutz zu nehmen. Diese Selbstbiographie zeigt uns das erfreuliche Bild eines Mannes, der mit allem Ernste nach dem Frieden Gottes suchte und ihn fand.

In demselben Geiste wie die Selbstbiographie bearbeitet liegen uns noch zahlreiche Schriften von Schubert vor, die alle bestimmt sind, zur Erweckung christlichen Glaubens und Lebens beizutragen. Sie bestehen zum größten Theile in größeren oder kleineren Biographien solcher Personen, die von christlichem Geiste erfüllt sind, mitunter, wie z. B. in den „Parabeln aus dem Buche der sichtbaren Werke" (1858), sind es auch Naturerscheinungen, die er im Lichte der Offenbarung deutet. Die erste Arbeit dieser Art ist betitelt: „Altes und Neues aus dem Gebiete der innern Seelenkunde. I. Bd. 1816, II. Bd. 1824, (beide Bände in 3. Aufl. 1833). An diese schlossen sich später noch drei weitere Bände an, die aus früher schon anderwärts abgedruckten Aufsätzen bestehen. Dieses Buch fand gleich bei seinem ersten Auftreten eine sehr verschiedenartige Beurtheilung. Die Einen, denen christliche Tendenzen etwas Fremdartiges oder gar Widerwärtiges waren, wiesen es ganz von sich ab und meinten, daß mit einer solchen Arbeit Schubert im Begriffe stehe, seinen wissenschaftlichen Ruf in Mißkredit zu bringen. Die Andern dagegen, denen gerade die in dieser Schrift ausgesprochenen Tendenzen erfreulich waren, gaben ihren vollen Beifall zu erkennen. Unter all den zahlreichen Schriften Schubert's ist kaum eine andere, die in christlichen Kreisen einen so nachhaltigen wohlthuenden Eindruck gemacht hat als die beiden ersten Bände des „Alten und Neuen." Aus allen Gauen Deutschlands kamen ihm von befreundeten wie von unbekannten Personen Briefe zu, die ihm ihren freudigen Dank für diese werthvolle Gabe aussprachen. Von da an ist er ein Lieblingsschriftsteller des christlichen Volkes in unserem Vaterlande geworden.

Ein kleiner Traktat, den er bearbeitete: „Züge aus dem Leben des

Pfarrers Oberlin" ist vom Jahre 1827 bis 1855 in 9 überaus starken Auflagen verbreitet worden und gehört zu dem Vorzüglichsten, was auf diesem Gebiete der Literatur erschienen ist. Außerdem liegen noch zahlreiche Jugendschriften von ihm vor, denn sein kindliches Gemüth zog ihn mit Vorliebe zu den Kindern hin, deren ganze Zuneigung er durch liebliche, ihren Altersstufen angemessene Erzählungen zu gewinnen und in deren Sinn und Herz er frühzeitig die Liebe zu Gott und seinem Worte zu wecken wußte.

Die letzte größere Arbeit seines Lebens bilden die „Erinnerungen aus dem Leben Ihrer k. Hoheit Helene Louise, Herzogin von Orleans, gebornen Prinzessin von Mecklenburg-Schwerin;" ein Buch, das eine solche Anerkennung fand, daß es binnen zwei Jahren 6 Auflagen erforderte. Es stellt uns, größtentheils nach ihren Briefen, das Bild einer der edelsten Fürstinnen dar, welche schon in blühender Jugend die höchsten Stufen menschlichen Glückes erstiegen hatte, indeß im raschen Wechsel bald von ihnen herabgestürzt wurde, als die gewaltigen Wetter der Trübsale Schlag auf Schlag über sie losbrachen. In allen Lagen ihres Lebens aber eine gleich großartige Erscheinung: bescheiden im Glück, muthig im Unglück, allezeit im festen Gottvertrauen sich der höheren Fügung ergebend.

In der vorstehenden Schilderung haben wir, wenn auch nur im flüchtigen Umrisse, wie es die kurz bemessene Zeit für einen solchen Vortrag erfordert, ein Bild von Schubert's Leben und Wirken zu entwerfen versucht; möge es uns zum Schlusse gestattet seyn, noch einige Worte über ihn, wie er sich uns in seinem individuellen Charakter darstellte, beizufügen.

Als Grundzüge seines Wesens treten uns zunächst die Kardinaltugenden der Liebe und Demuth entgegen. Ein tiefsinniges warmes Gemüth, erfüllt von Liebe zu Gott und den Menschen und eine ungeheuchelte Anspruchlosigkeit und Bescheidenheit gaben sich auch dem Fremden gleich in den ersten Momenten der Begegnung zu erkennen und erwarben ihm schnell dessen ganzes Vertrauen. Seine Gutmüthigkeit und Herzensgüte ist sprüchwörtlich geworden und, obwohl oft gemißbraucht, dennoch unerschüttert ge-

blieben. Von Jedermann Gutes zu denken und zu sprechen, wenn nicht
das Gegentheil offenkundig vorlag, Anderer Verdienst ehrend anzuerkennen,
in momentaner Uebereilung ausgesprochenen Tadel unbedingt zurückzuneh-
men, war er stets bereitwillig. Nicht blos den Freunden, sondern Allen,
die bei ihm Hülfe suchten, mit Rath und That an die Hand zu gehen, war
ihm Herzensbedürfniß. Er war daher auch überall geliebt und geehrt; selbst
seine Gegner, die auf einem anderen Standpunkte standen als er, konnten,
wenn sie ehrenhafter Gesinnung waren, ihm ihre Achtung nicht versagen.
Mit reichen Gaben des Geistes ausgestattet, durch angestrengte Studien zu
einem umfassenden Wissen gelangt, durch seine literarischen Arbeiten zum
ehrenvollsten Rufe gekommen, von Fürsten und Königen hochgeehrt, blieb
seine Anspruchlosigkeit immer dieselbe; im Gegentheil machten ihn öffentliche
Auszeichnungen nur demüthiger.

Schubert war ein Mann des Friedens wie im Leben, so auch in seiner literarischen Thätigkeit. Obwohl öfters und selbst in unwürdiger Weise
wegen seiner Ueberzeugungen, mit denen ein Theil der Zeitgenossen zerfallen
war, angegriffen, ließ er sich doch hiedurch nicht erbittern oder zur persönlichen Polemik herausfordern; er überließ es der Kraft der Wahrheit, aus
welcher seiner Anschauungen geschöpft waren, denselben Bahn zu brechen
und Anerkennung zu verschaffen. Den äußern Kampf zu führen lag nicht
in seinem Wesen, so sehr er auch für gegebene Fälle die Berechtigung und
Nothwendigkeit bei Andern, die hiezu den Beruf in sich verspürten, anerkannte; seine Naturanlage war nicht vom Typus eines kühnen schlagfertigen
Petrus, sondern eines stillen, liebevollen Johannes. Auch hatte er ein
weites Herz, um Meinungen, die von den seinigen weit abwichen, toleriren
zu können, wenn sie aus einem ernsten Streben hervorgingen; dagegen Un-
lauterkeit oder gar Frivolität wies er in gerechtem Unwillen auf's Ent-
schiedenste und selbst mit Heftigkeit ab. So war es ihm möglich mit vie-
lerlei Menschen in Frieden zu verkehren. Dabei war er immer heiteren
Geistes und freudigen Muthes. Sein gastliches Haus war von Einheimi-
schen und Auswärtigen viel besucht; auch die zahlreichen Zuhörer, die in

seiner langen akademischen Laufbahn bei ihm Zutritt gefunden, erinnern sich fortwährend mit Freuden der schönen Stunden, die sie bei ihrem hochverehrten Lehrer verlebten.

Den Mittelpunkt seines ganzen Lebens machte ein lebendiger Christenglaube aus, der sich bei ihm in Wort und That gleich kräftig erwies. Die Frömmigkeit war bei ihm, wie in dem vorhin erwähnten Nachrufe sehr treffend hervorgehoben ist, „nicht ein Kleid, das er da und dort anzog, sie war mit seinem innersten Menschen verwachsen und ihm so zur andern d. h. zu seiner wahren Natur geworden, daß sie unter allen Umständen auf die ungezwungenste Weise an den Tag trat und er in jeder Umgebung sich gleich blieb." Wie sein ganzes Leben von lebendiger christlicher Gesinnung durchdrungen war, so zieht sie sich durch alle seine Arbeiten hindurch, aber in ihrer ganzen Fülle sprach sie sich in den zahlreichen Schriften aus, die von ihm ausdrücklich dazu bestimmt waren, zur Erweckung und Förderung christlichen Lebens mitzuwirken. Die ihm gewordene Gabe der Erkenntniß und der schriftlichen Darstellung erachtete er als eine heilige Verpflichtung von ihr Gebrauch zu machen zur Belebung der höchsten Interessen unsres Volkes, d. h. seiner religiösen, und bei der außerordentlichen Verbreitung, die seine Schriften unter allen Altersabstufungen fanden, sind sie Unzähligen zu einem reichen Segen geworden. Als daher bei der Gelegenheit, wo Schubert sein fünfzigjähriges Jubiläum bezüglich der Erlangung des medizinischen Doktorgrades feierte, ihm die theologische Fakultät der Universität Erlangen den Grad als Doctor theologiae ertheilte, legte sie hiemit in eben so sinniger als ehrenvoller Weise öffentlich Zeugniß ab, wie hoch sie die praktische Wirksamkeit des ehrwürdigen Jubilars auf ihrem Arbeitsgebiete zu schätzen wisse.

In solcher Weise hat Schubert unter uns gelebt und gewirkt. Sein Name und sein umfassendes erfolgreiches Wirken lebt unauslöschlich fort im Gedächtnisse der Zeitgenossen und geht in ehrenvoller Anerkennung und dauerhafter Aneiferung über auf die Geschlechter, die da noch kommen sollen.

Verzeichniß der Schriften
von
G. H. von Schubert.

Die Kirche und die Götter. Ein Roman. 2 Bde. Penig 1804.

Bibliotheca castellana portugues y proënzal. Altenburgo en casa de Juan Christiano Rink. 1804—5. 2 Bde. 8.

Ahndungen einer allgemeinen Geschichte des Lebens. I. Bd. 1806. — II. Bd. Abth. 1 1807. — II. Bd. Abth. 2 1821.

Ansichten von der Nachtseite der Naturwissenschaften 1808. — 2te Auflage 1818, 4te Auflage 1840. — Ins Russische übersetzt durch v. Mohrenheim.

Uebersetzung von St Martin esprit des choses. 1811.

Hemme Hayen.

Die Symbolik des Traumes. 1814; 3te Auflage 1840.

Handbuch der Geognosie und Bergbaukunde. 1813.

Handbuch der Mineralogie. 1816.

Altes und Neues aus dem Gebiete der innern Seelenkunde. 5 Bde. I. Bd. 1813, II. Bd. 1824 (beide Bde. in 3ter Auflage 1849), III. Bd. 1833 (2te Auflage 1838, 3te Auflage 1856), IV. Bd. 1. 1836. (2te Auflage 1841), IV. Bd. 2. 1844.

Die Urwelt und die Firsterne. 1822. — 2te Auflage 1838.

Handbuch der Kosmologie. 1823.

Lehrbuch der Naturgeschichte für Schulen und zum Selbstunterricht. 1823. — 19te Auflage 1859.

Wanderbüchlein eines reisenden Gelehrten nach Salzburg, Tirol und die Lombardei. 1823. — 2te Auflage mit der Reise über das Wormser Joch nach Venedig. 1834. — 3te Auflage 1848.

Claudii Angeli de Martelli Errettung in und aus der türkischen Gefangenschaft. Beschrieben von J. Fr. Esper, neu herausgegeben von Schubert. 1825.

Allgemeine Naturgeschichte oder Andeutungen zur Geschichte und Physiognomik der Natur. 1826. — 2te Auflage in 3 Bänden unter dem Titel: Geschichte der Natur. 1835—37. — 3te Auflage Bd. I und II 1852, 1853; auch unter den besondern beiden Titeln: Das Weltgebäude, die Erde und Zeiten des Menschen auf Erden (als 3te Auflage und Bearbeitung des ersten Bandes seiner Geschichte der Natur) 1852. — Abriß der Mineralogie (zugleich als neue Bearbeitung und 3te Auflage des zweiten Bandes seiner Geschichte der Natur) 1853.

Züge aus dem Leben des Pfarrers Oberlin. 1827. — 9te Auflage 1855.
Reise durch das südliche Frankreich und Italien. 2 Bde. 1827 und 1831. — Neubearbeitete Auflage. 1852; 2te Auflage derselben 1853.
Feuerbach und Regiomontan, die Wiederbegründer einer selbstständigen und unmittelbaren Erforschung der Natur in Europa. 1828.
Die Geschichte der Seele. 1830. — 4te neu bearbeitete und vermehrte Auflage in 2 Bänden. 1850.
Lehrbuch der Sternkunde. 1830. — 3te Auflage 1857.
Von dem Vergehen und Bestehen der Gattungen und Arten in der organischen Natur. Akadem. Festrede 1830. — 2te Auflage 1832.
Ueber die Einheit im Bauplane der Erdveste. Akadem. Festrede. 1835.
Erinnerungen an Bernard Overberg und Georg Michael Wittmann. 1835.
Von einem Feststehenden in der Geschichte der sichtbaren Natur und des in ihr wohnenden Menschen. Eine Anrede gehalten nach der Rückkehr von seiner Reise in das Morgenland und bei dem Wiederbeginn seiner Vorlesungen. Stuttgart 1837.
Lehrbuch der Menschen- und Seelenkunde. 1838. — 2te Auflage 1842.
Reise in das Morgenland. 3 Bde. 1838—39. Neue Auflage 1840.
Die Geschichte von Bayern, Lehr- und Lesebuch für die mittleren und oberen Klassen der deutschen Schulen. 1843. — Neue vermehrte Auflage 1860.
Erzählungen. 3 Bde. 1840—41. — 2te Auflage 1843. — 3te Auflage 1856.
Die Krankheiten und Störungen der menschlichen Seele. 1845.
Spiegel der Natur. 1835. — 2te Auflage 1854.
Biographien. 3 Bde. 1847—48.
Die Naturlehre als kurzer Inbegriff der Sternkunde, der Physik sammt Chemie und der Lehre von der Erdbildung. Für Schulen und Familien. Herausgegeben von dem Calwer Verlagsverein. 1847.
Ueber Ahnen und Wissen. Ein Vortrag aus dem Kreise der Abendunterhaltungen im Museum zu München. 1847.
Die Schicksale des Philipp Ashton (der neue Robinson) 1848. — 4te Auflage 1857.
Die Zwillinge. Hamb. 4te Auflage 1850.
Kleine Erzählungen für die Jugend. 2 Bde. 1852. — 2te Auflage 1853.
Mährchen und Erzählungen für das kindliche Alter 1852. — Neue vermehrte Auflage 1855.
Seebilder. Ein Buch zur Belehrung und Unterhaltung 1850; zugleich als IV. Band der Erzählungen.

Die Zaubereiländer in ihrer alten und neuen Form betrachtet. 1854.
Der Erwerb aus einem vergangenen und die Erwartungen von einem zukünftigen Leben. Eine Selbstbiographie. 3 Bde. 1854—56
Vermischte Schriften. 2 Bde. 1857 und 1860.
Parabeln aus dem Buche der sichtbaren Werke. 1858.
Landparthien des alten Weichgemuth. Ludwigsb. 1858.
Ruhestunden eines alten Auswanderers. Kaiserow. 1858
Erinnerungen aus dem Leben Ihrer K. Hoheit Helene Louise, Herzogin von Orleans, gebornen Prinzessin von Mecklenburg-Schwerin. Nach ihren eignen Briefen zusammengestellt. 1859. — 6te Auflage 1860.

Außerdem zahlreiche Aufsätze und Anzeigen in den Altenburger medizinischen Annalen (1803—1805), in den Bayerischen Annalen, Münchner gelehrten Anzeigen, in der Christoterpe, der Evangelischen Kirchenzeitung, den Jugendblättern von Barth, und andern Zeitschriften und Almanachen.